中 国 核 科 学 家 精 神 系 列 丛 书

勤思觅天火　深情寄杏坛——黄祖洽

程建平　主编

中国原子能出版社

图书在版编目（CIP）数据

勤思觅天火　深情寄杏坛：黄祖洽 / 程建平主编 . 北京：中国原子能出版社，2025. 1. -- ISBN 978-7-5221-3709-4

Ⅰ . K826.11

中国国家版本馆 CIP 数据核字第 2024NK7927 号

勤思觅天火　深情寄杏坛——黄祖洽

出版发行	中国原子能出版社（北京市海淀区阜成路 43 号 100048）
丛书策划	谭　俊
责任编辑	陈　喆　付　凯
责任校对	刘　铭
责任印制	赵　明
印　　刷	北京中科印刷有限公司
经　　销	全国新华书店
开　　本	700 mm × 1000 mm　1/16
印　　张	12.125
字　　数	189 千字
版　　次	2025 年 1 月第 1 版　　2025 年 1 月第 1 次印刷
书　　号	ISBN 978-7-5221-3709-4
定　　价	58.00 元

发行电话：010-88828676　

编委会

主　编：程建平

副主编：梁　颖　黄　萌　孙可佳

编　委：（以姓氏笔画排序）

马宇翰　叶筱霞　冯世平　刘寄星

刘珊珊　孙薇薇　应阳君　周卫华

杨硕尧　桑海波　董建丽　褚素丽

序

黄祖洽院士是我国著名的核物理和理论物理学家、教育家，1924年10月2日出生于湖南长沙。今年正逢黄先生诞辰100周年，也是中国第一颗原子弹爆炸60周年。黄祖洽先生是我国最早深入钻研中子输运理论并在核反应堆理论上卓有建树的理论物理学家，他和彭桓武先生同为我国核反应堆理论与设计的奠基者，为我国和平利用核能打下坚实的理论基础。为了打破超级大国的核垄断，他与我国最有才能的一批理论物理学家一起，日夜攻关，为我国战略核武器的研制成功立下不朽功勋。在完成了国防任务后，黄祖洽先生毅然转入教育战线，从20世纪80年代到2014年，直至逝世前几个月，还坚持为本科生授课，并勤于笔耕，著书立说。他不仅在理论物理的多个方向上，培养了一大批青年有为人才，而且还留下了《核反应堆动力学基础》和《输运理论》等高水平学术著作。

黄祖洽成长于救亡图存的动荡时代，自1937年到长沙读中学，到1944年被西南联大正式录取，几度奔波辗转于战火硝烟之中，亲眼目睹了国家的贫弱和人民的困苦。年少时坎坷的求学经历，深深植入他的心灵，激发了他胸怀祖国、服务人民的爱国精神：从此立志科学救国，并且始终将个人的命运与国家的发展紧密相连。

自 1950 年进入中国科学院近代物理研究所（中国原子能科学研究院前身），到成为“两弹”事业的探路先锋，黄祖洽充分发挥了勇攀高峰、敢为人先的创新精神以及集智攻关、团结协作的协同精神。国防战线是高科技最集中的领域，而涉及“两弹”的国防核心技术、尖端技术是不可能买来的，只能依靠自己的力量去攻克难关，攀登高峰。在众多“两弹”事业的杰出贡献者中，黄祖洽是唯一一位早期同时参与氢弹和原子弹理论研究与设计工作的重要科学家。在原子能所（1953 年中国科学院近代物理研究所更名为中国科学院物理研究所，1958 年又更名为中国科学院原子能研究所），黄祖洽作为轻核理论组组长，带领全组率先进行氢弹预研工作，加快了氢弹研制的速度；同时，他又抽出一半时间，在核武器研究所参与设计原子弹研制，由此得了一个“半导体”的绰号。在那个极度困难的年代里，黄祖洽与许多科研人员一样，全心全意、废寝忘食地投入到两弹研制的工作中。他对待科学问题一丝不苟，就在原子弹试爆前夜，正是经周光召、黄祖洽和秦元勋共同计算检验后签署的研究报告，向党中央保证了试验成功的可能性超过 99%。中国第一颗原子弹爆炸后，仅仅过了两年零 8 个月，赶在法国前面，我国第一颗氢弹也爆炸成功，缔造了中国科技史上的奇迹。

在教育领域，黄祖洽充分展现出了一名科学家甘为人梯、奖掖后学的育人精神。1980 年，“两弹一星”事业已获突破，黄祖洽主动要求调至北师大低能核物理研究所，年过半百的他转身走上讲台，不仅带研究生，还主动为大一学生开设本科生课，他撰写的学术著作和论文为青年科技人才的成长提供了宝贵的支持和指导。

黄祖洽的一生，更是对淡泊名利、潜心研究的奉献精神的最好诠释。尽管他为“两弹一星”做出了巨大贡献，却从不追求个人荣誉。“山花今烂漫，何须绘麟阁”，他对待荣誉的超然态度，体现了对科学事业的纯粹追求和对个人得失的淡然处之。

一部科学史也是一部科学家的精神史。“曾为攻关奋战苦，又与后辈铺路勤”，黄祖洽院士的一生，是对科学家精神和“两弹一星”精神的生动诠释。为大力弘扬科学家精神，北京师范大学和中国原子能出版社组织撰写出版的中国核科学家精神系列丛书中《勤思觅天火，深情寄杏坛——黄祖洽》一书，向全社会大力宣传黄祖洽院士的感人事迹和优秀品质，相信也能激励更多的年青人以黄祖洽为代表的优秀科学家为榜样，不断探索、勇攀高峰，为实现国家的经济繁荣和国防安全贡献力量。

是为序。

杜祥琬

中国工程院院士、原中国工程院副院长

2024 年 10 月

目　录

第一章　爱国篇

“人能自爱其德，则民族道德可保；人能自爱其智，则民族文化必高；人能自爱其志，则国家必无败类；人能自爱其行，则国家必有良才。”黄祖洽在中学作文中如是写道。作为生于动荡社会、长于救国时代的科学家，他的生命历程是对爱国情怀最深刻的诠释。家庭的熏陶、师长的教诲，以及少时的磨砺，共同塑造了黄祖洽坚定的爱国精神和自强不息的个性。

少年时期的黄祖洽，亲历了日本侵略的步步紧逼，走上了充满艰辛与挑战的求学之路。在西南联大的岁月，浩瀚知识的浸润和青春热血的呐喊，让黄祖洽深知，科学不仅是知识的积累，更是国家强盛的基石。他从此将个人命运与国家命运紧密相连，以科学救国为己任，用实际作为告诉我们，爱国不仅是心中的信念，更是肩上的责任。

1.1 多难殷忧新国运

1924年10月，黄祖洽出生于湖南长沙的一个知识分子家庭，父亲黄迪庆法制专科学校毕业，曾在司法界工作，后为中学教员；母亲张孝恂通文墨，操持家务抚养子女之余，喜欢阅读报章古诗。受家庭影响、父母教育和学校老师的奖掖扶持，黄祖洽从小养成好读书的习惯并逐渐具备了自学求知的能力。黄祖洽的少年时代，正处于我国外受日本帝国主义步步紧逼的侵略，内逢军阀混战和国民党“剿共”内战，民不聊生的时代。国患家贫，伴随着少年黄祖治的成长，也深刻影响了他此后的人生选择。60多年后，他在接受记者采访时曾说：“我们那一代人从小就开始感到国弱被人欺。只有振兴科学，才能兴国。”

1931年，日军悍然发动“九·一八”事变。黄祖洽当时刚上小学二年级，但“小小的心灵中已唤起了抗日救国意识”，以至年逾古稀之时，他还清楚记得音乐课上老师教他们唱的爱国歌曲：“日本人呀不讲理，杀我同胞夺我地，小朋友快快来，团结抗日齐努力！……”“我有铁，我有血，我有铁血，可救中国！还我河山誓把倭奴灭，醒我国魂誓把奇耻雪！……”

1935年12月9日，“一二·九”运动爆发，北平学生举行抗日示威游行，在全国掀起抗日救亡高潮，长沙学生亦起来响应。彼时黄祖洽已升至小学六年级，他积极参加了学校组织的抗日宣传活动。平时只是上学、回家，从不单独外出的黄祖洽，也随着同学们上街宣传。他们除了在街头做些唱歌、演讲之类的宣传活动外，还挨家挨户地向老百姓揭露日本侵略者侵占东北后又想进一步侵吞华北和全中国的野心，以及国民革命军第十九路军在上海和二十九军在长城抗击日军、英勇作战的情形；同时进行募捐，动员居民捐钱去慰劳前方将士。黄祖洽日后回忆：

我们小学生的这些抗日爱国活动得到了广大市民的同情和支持。尽管我们唱歌和演讲的水平不高，还是获得了不少掌声。在挨家挨户宣讲和募捐的过程中，我看到和听到了老百姓的困苦生活和他们对政府大打内战，不管人民死活和日寇侵犯的不满。给我印象最深刻的是：一般居民家的门都好进，对我们的宣传也表示同情、理解，哪怕是贫穷的劳苦大众都乐于量力捐助；而有些住着小洋房的家庭，本来应当更有力支持抗日的，却是门难进，脸难看，冷嘲热讽，一毛不拔，有时甚至还嗾狗来吓唬我们这些小学生。遇到了这样的事，同学们没有不气愤得暗骂汉奸、洋奴的。

少年黄祖洽（摄于1940年代）

1937年，在“七七事变”的炮火中，黄祖洽考入长沙兑泽中学；1938年日寇逼近湖南，国民党放火烧长沙，翌年黄祖洽只身赴江西铅山[1]，就读因战乱迁于该地的江西省九江中学，直至1943年高中毕业。高中三年，他一面认真读书，自学大学数理课程，一面与其他几位赣、皖籍同学自辟“三省园”，开荒种地，以改善生活。在此期间，黄祖洽写下了不少作文，联系实际，抒发个人志向，评论古今人物，抨击汉奸贪官。生活的清苦，时局的动荡，对家乡的思念和对国难的忧虑，都加倍激发了少年黄祖洽刻苦读书砥砺成才的志气。他在中学作文《月明之夜》一文中写道：

在这风云儿女的大时代中，流浪算得一回什么事，世界上正不知有多少比流浪更苦的事呢！前线的将士在喋血苦战，时刻有生命的危险；东北的同胞在敌人的铁蹄下挣扎，一言一语都被干涉；在广大的莱茵河畔有各国的健儿在那里拼命；在这黑暗的社会里，有各种可怜人的悲泣。当他们触到这些生命的暗礁时，难道没有看到这皎洁的明月吗？难道他们的心里没有悲哀的感想吗？我现在虽然离别了故乡，但是学校不是和故乡一样吗？我的兄弟姊妹虽然散处四方，但是同学不是（和）兄弟姊妹一样吗？还值得什么忧闷呢？

黄祖洽在九江一中就读时的作文簿

1 ［铅（yán）山县，位于江西省东北部，隶属江西省上饶市。］

1944 年黄祖洽以入学考试第一名的成绩考入昆明西南联大物理系攻读。西南联大是抗日战争时期由北大、清华、南开三校南迁后组建而成，它是当时我国规模最大的学校，以教授水平高、学风校风好、爱国空气浓、进步力量强而蜚声中外。在 1945 年昆明爆发的“反对内战，争取民主”的“一二·一”运动中，西南联大是重要的策源地和引领者，西南联大的师生们成为了这场爱国民主运动的主体力量。平日在大家心中一派“书生”形象的黄祖洽，也尽显热血青年本色，积极参与到反对内战的宣传活动之中，走上街头大声疾呼，让同学们刮目相看。

1945 年，美国在对日战争中使用了原子弹，取得了对太平洋战争的决定性胜利。对黄祖洽来说，这件事坚定了他一生的选择——他对核物理的兴趣更加浓厚了。黄祖洽深知，一个国家要想雄居世界民族之林，必须有强大的国防力量，因此他更加发奋学习。1948 年大学毕业后，黄祖洽选择在清华攻读研究生，他先在钱三强、何泽慧二位先生的指导下研究了半年核乳胶，后随不久前从英国归来的彭桓武先生从事理论物理研究。

黄祖洽的青少年时期，正值日本帝国主义对中国的侵略步步深入，他从小受到颠沛流离和艰苦生活的磨炼，养成了在困难面前不服输、不信邪、自立奋斗的倔强性格。他一生为国家的强大，殚思觅火，杏坛育才，却淡泊宁静，不事张扬：

“坏的时代里有许多有才华的人夭折了，也有因为坏的时代的压迫而变得坚强的人。我之所以能走到今天，也是那个时代逼迫成的吧。”

1.2 漫漫求学路

生于战火硝烟时代的黄祖洽，在求学的历程中饱尝了颠沛流离与艰难困苦，去考西南联大的路上就走了一年，陆路、水路、火车、汽车都经历过，遍览了脚下的山山水水、风风雨雨。

这段求学的漫漫长路，还要从 1937 年初入中学说起。

这一年对于每个中国人都是不能忘记的。1937 年 1 月，因为自己一时疏忽错失岳云中学的黄祖洽入长沙平大中学（详见求实篇《认真两个字最重要》）就读。他在这里的学习情况并不顺畅，不等第一学期结束，黄祖洽便收到时在南京的父亲黄迪庆来信，建议他趁暑假到南京，报考中央大学实验中学。黄祖洽听从了父亲的建议，从报名的 3600 多人中脱颖而出，成为了被录取的 100 名学生之一。然而震惊中外的“七七事变”的爆发改变了生活的既定轨道，随着“八一三”淞沪会战打响，南京也危在旦夕，黄迪庆所在的工作机关开始遣散人员，黄祖洽没能上成实验中学，便跟着父亲回到了湖南，并于秋天转入长沙市兑泽中学。1938 年 9 月，为躲避日军飞机轰炸，学校搬迁至湖南省澧县新洲；11 月，日军逼近湖南，黄父被迫迁至江西一法院工作，黄祖洽也不得不随之前往江西，从此踏上了战乱年代的异乡求学之路。

黄祖洽在 1939 年 2 月插班进入了九江中学初中二年级。九江中学是我国最早具有现代意义的著名中学之一，能够很好地教授学生近代数理化科学知识，后来几经易名，一直发展成为今天的江西省九江第一中学。当时，学校受战火影响，历经几次搬迁，黄祖洽入校时，校址位于江西上饶铅山县河口镇，借用当地的祠堂给学生上课。好在河口镇是江西四大名镇之一，社会文化和商业交流比较发达，能够保证学生的教育，让黄祖洽在锻炼独立生活的能力同时，将精力集中在学业上。即便物价飞涨，家里的经济支持越来越少，但黄祖洽还是凭借着亲友的帮助和自己赚取的奖学金，努力完成了学业。

然而，乱世之下，觅得一方平静的书桌何其不易。1939 年南昌陷落，日军觊觎打通浙赣线。上饶地处江西东北部，许多城镇相继沦陷。河口镇经常遭遇轰炸，因此九江中学不得不临时搬到铅山南面的一个小村庄——杨村。后来黄祖洽就一直在山清水秀的杨村生活、学习了 4 年。

九江中学杨村校舍正门

战争打破了学校原本的发展秩序，师生日子过得颇为清苦。当时校舍散落在杨村从街头到街尾的祠堂庙宇中。秦姓是杨村当地大户，学校就在秦家大屋办公，宿舍安置在秦氏宗祠的库房里。寝室用木板分隔成一间间，睡的床是用同学自己上山砍来的毛竹，请竹匠搭起的通铺；吃的是糙米饭和八人一碟的咸水豆芽菜。由于家庭经济不济，黄祖洽向同学韩天荣家借了一石米交给学校食堂作伙食费，与其他几位赣、皖籍的同学在河边开辟“习圃”种菜，寓意向颜习斋[1]学习；又修葺了一个可以休息看书的“三省园”，以纪念赣、皖、湘三个省籍的同学共同参与，也暗含曾子“吾日三省吾身”之义。

黄祖洽和同学们开辟的“习圃”，至今仍绿意盎然

黄祖洽后来回忆时曾亲切地说：“铅山作为我的第二故乡，无论走到哪里，我都会想起她，赞美她。”杨村的青山绿水、虫

---

1 颜习斋（1635—1704），清初思想家、教育家，字易直，号习斋。他主张教育要注重“实学”“实用”，批判程朱理学脱离实际的书本教育。

鸣鸟啼让师生们暂且隔绝了战事，校长缪正带领全校搬来了原有的图书资料和仪器设备，同学们各自发挥所长、“能者为师”、互教互学，物质条件虽然清苦，但大家颇为自得。没有电灯，晚上自习时大家就在教室里把课桌对拼起来，几人共用一盏油灯写作业。食堂的米饭不好吃，见家里条件好的同学倒掉这些米饭，黄祖洽就会站到食堂门口斥责他们的浪费行径。富余的时间里，黄祖洽最喜欢去图书馆。当时学习英语的条件不足，黄祖洽就反反复复地查阅字典；他的英文字典被翻破过三次，每一次破了他都用浆糊或纸张修好，修好后再用，坏了再修，前前后后折腾了好几次。长时间在如此艰苦的条件下忘我学习，使得黄祖洽有些营养不良、面黄肌瘦，有时大热天还得披着个破棉袄。他就努力增强体魄：每天清早去河边跑步，接着自己撑船到河对岸的小山上做操、唱抗战歌曲、跳绳；然后下山、过河、回宿舍，拿出英语读本到田间朗读一阵，才去食堂吃早饭。

这样的日子一直持续到 1942 年。6 月，日军进犯赣东北，100 余名无家可归的学生和部分教职员工不得不暂且搬迁至距杨村 40 里外更为偏僻的横江口涂家。这次搬迁比上次更艰难，不仅要走很长的山路，还要随时提防日本人出现。学校费尽周折弄来了一批枪支，派发给学生每人一杆，黄祖洽和他的同学们就这样背着枪、爬着山，路上害怕时就齐声合唱《黄河大合唱》等抗战歌曲壮胆，终于顺利到达涂家。等到 9 月赣东北战事稍平，日军进攻威胁暂时解除，学校迁回杨村复课。此时已是 1943 年了，全面抗战爆发已经 6 年了，黄祖洽也即将结束高中学习，准备报考大学。

杨村小河，黄祖洽当年曾渡河到对岸小山上锻炼身体

这一年，江西省教育厅要求所有当年高中毕业的学生，必须参加设在赣县的夏令营军训一个月，全江西省的高中毕业生组成了三个大队来此接受军事化训练。夏令营主任正是时任赣南行署专员的蒋经国，而黄祖洽所在的第三大队的大队长则是蒋纬国。在这一个月里，黄祖洽几乎每天听着蒋氏两兄弟的训话，心里很不以为然；别的同学纷纷记录长官讲话，他却从不记笔记。少年黄祖洽对国民党的政治活动素来印象不佳。小时候有个本地国民党党部书记和自己家同住一个大院，那个书记不仅整天睡在床上、无所事事，还吸食鸦片，晚上又跑出去闹事，时常带一些流氓一样的人到家里串门。黄祖洽从小痛恨这类尸位素餐的国民党干部，在九江中学的时候也不屑于参加其他同

学热衷的"三青团"[1]，本着"君子群而不党"的态度，将全部精力扑在科学知识上。

黄祖洽立志进入大学后攻读物理学专业。亲历国家遭受侵略下的艰难困苦，黄祖洽希望以后能为国家多做实事、贡献力量，用科学知识让国家富强起来。尽管他在夏令营期间参加了中正大学（南昌大学前身）、广西大学和厦门大学的联合招生，并被同时录取；但黄祖洽的目标是由北京大学、清华大学和南开大学于抗战时期内迁后联合组成的西南联合大学，那里有全国最好的物理系。黄祖洽四处打听得知距离自己最近的考点在贵阳，拿上夏令营结束后发的每人 5 元遣散费，毅然踏上了赴考征程。

黄祖洽 1943 年高中毕业照

黄祖洽和高中学长程珊同行，一路上能省就省，四处搭乘便车；不仅因为交通极不方便，5 元路费更是不够用。他们先从江西赣县到广东韶关，坐铁路货车到湖南衡阳，又挤在火车行李架上到了广

1　即三民主义青年团，中国国民党下属的青年组织。抗日战争爆发后，在国共合作抗日民族统一战线推动下，各地爱国青年广泛开展抗日救亡活动；蒋介石为把全国的青年组织起来，并且给国民党增添"复兴力量"，1938 年 4 月国民党临时全国代表大会通过设立三青团并任团长，派遣"复兴社"和"CC 系"的骨干分子，大量吸收公职人员、军警、政工人员入团，并且将"复兴社"完全并入三青团充作骨干力量。成立之初，许多知识青年在抗日爱国的激情鼓舞下，参加了三青团，开展了一些抗日救国活动。在抗日战争转入相持阶段后，三青团的许多组织在特务分子控制下，成了国民党反共的工具。

西桂林，再爬上一辆装满两层汽油桶的汽车……一路上走过窄峭凶险的“掉死崖”，睡过奇痒难眠的“臭虫床”，就这样辗转一年多，终于到达了贵阳。1996 年，黄祖洽与程珊阔别多年后再度取得联络，回忆起当年长途跋涉的情景，他不禁作诗感叹：

三年共饮杨村水，万里偕行赣贵程。

殊域耕耘逾半世，方知二卉本同根。

可惜当年到达贵阳时考期已过，招考点也已撤销。两人长途跋涉历经艰苦，此时已是身无分文，不禁感到无比沮丧。程珊就这样放弃了，但黄祖洽却选择留下来等待下一年的考试。

跟随黄祖洽一路求学的藤箱

好在有个舅父在贵阳工作，黄祖洽暂住舅舅家三个月后，又随在川滇西路公路局工作的豫庆叔叔到了西昌，补上了“川滇西路”公路局员工子弟小学老师的缺，开始自食其力。黄祖洽就这样远在他乡一面教书一面备考。在这个小学里，语文、数学、音乐、体育的课他全部都代，闲暇时就带孩子们划船，忙忙碌碌中也愈发坚定了信念。时间很快来到了第二年入学考试，这一次，准备充分的黄祖洽不会再次错过了。

1944 年暑假，黄祖洽搭乘公路局来往的便车从西昌到了昆明。他找到一个在西南联大读书的同乡，暑假大多数学生都回家了，便借用了一个空床位，开始准备考试。功夫不负有心人，最终黄祖洽以总分第一名的成绩考入西南联大，所愿得偿。在那里，虽然生活条件仍然艰苦，但黄祖洽将遇到许多知识渊博、令人敬仰的教授，和一群充满理想和报国激情的热血青年。他们中的许多人，有着和黄祖洽相似的成长经历；后来新中国成立后，又共同在“两弹一星”事业中携手努力。

在战火纷飞的岁月里，黄祖洽求学的脚步虽历经坎坷，却始终坚定地向着知识的殿堂迈进。每一次的颠沛流离，每一段艰难困苦，都未能磨灭他心中那份渴望知识、渴望用科学为国家做些实事的理想。正是这份对知识的渴求和对祖国的情怀，铸就了黄祖洽坚韧不拔的意志和勇于探索的精神。

1.3　文思映丹心

新旧之交的大科学家大知识分子们，同时受到了近代科学理性的感染和传统儒家思想的熏陶，加之民族存亡的时代召唤，最能深沉地表达对祖国山河的无限眷恋和对民族复兴的热切期盼。走在科学前沿的黄祖洽，不仅在科学领域取得了令人瞩目的巨大成就，更以其深厚的人文修养和笔下才思，留下了众多具有文学价值、教育价值和思想价值的文章。他的文字不仅充满了对知识和真理的追求，同时也透露出对国家命运的深切关怀。

黄祖洽的父亲黄迪庆

黄祖洽从小受到从事法政工作的父亲黄迪庆的影响，和学校里的传统思想教育；儒家“修身”“内省”、重视道德修养的主张使他深受熏陶，高中时写下了《过则勿惮改说》《士不可不先言耻说》《孝悌为立身之本说》《成功与失败》等诸多篇章，其中谈到有过则改、君子知耻、孝悌忠信等重要的道德原则。黄祖洽还将个人的道德完善与国家民族的文化道德建设结合起来，写下了《爱国贵于自爱说》：“人能自爱其德，则民族道德可保；人能自爱其智，则民族文化必高；人能自爱其志，则国家必无败类；人能自爱其行，则国家必有良材。如是而国家不强、民族不大者，未之有也。”修身、齐家、平天下的理念，为黄祖洽日后的治学立世奠定了深厚的精神基础。

在九江中学时期，黄祖洽不仅痴迷数理化，也仍坚持着儿时对文史的热爱。语文老师汪际虞给了他很深的影响。汪老师出身书香门第，国学功底扎实，课堂上时常引经据典，穿插合情入理又令人玩味的古今趣闻，经常赢得满堂笑声，深受学生的欢迎。在一次语文课上，汪老师提到了关于天才的论断：什么是天才，眼前的都是天才。抗日战争特殊时期生活虽然比较艰苦，但是大家都在一起就不需要害怕什么，不要自己以为憋屈在这个小的山村里面，就没有什么前途，实际大家都可以有所作为的。这些话让在座的学生为之欣然，也给黄祖洽留下了很深刻的印象，也让他坚定了敢为人先、志存高远的信念。

受汪老师影响，黄祖洽从校图书室借出了司马迁《史记》的选读本进行阅读，对司马迁的叙事笔法、立论见解和文章气势十分喜爱。当时黄祖洽身体素质欠佳，时不常患上伤风之类的小病，周围的医疗条件也很困难，可他竟能通过朗读这些振奋人心的文章，奇迹般地不药而愈。可见物质贫瘠条件下，精神上的充盈对于人是多么重要。后来他又借阅了商务印书馆所出《万有文库》中的《通鉴纪事本末》进行通读，虽觉辞章不及《史记》，但在引人入胜的同时还提供了更为可靠的历史认识。

黄祖洽如饥似渴地大量阅读，每天黎明即起，常到校舍后的小山读书。起初，他的作文写得并不好，他就深入琢磨，觉得一篇文章里总应该体现一种思想，先把思想确立好之后，再展开加一些铺垫，就能写好了。久而久之，黄祖洽的文章写得情感真挚、说理缜密、用典妥帖、立论深刻。

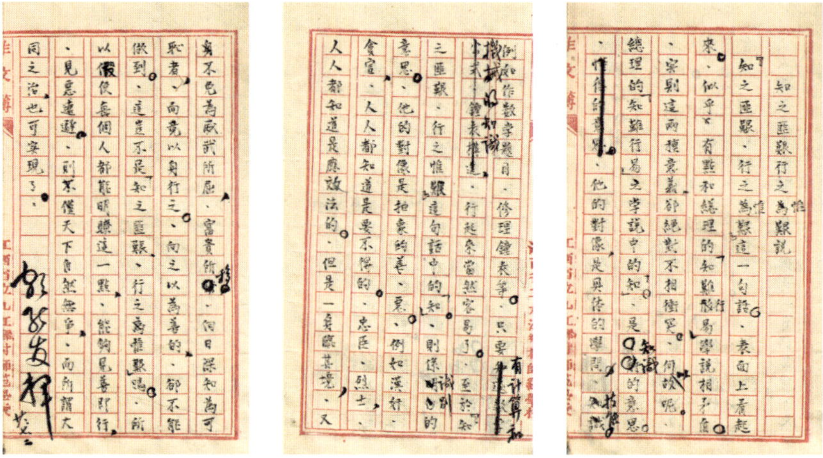

黄祖洽中学作文之一：《知之匪艰行之惟艰说》

阅读和习作大大增进了黄祖洽的思考与认识，他开始在作文中谈古论今、抨击时事、抒发壮志。生活的清苦、时局的动荡、对家乡的思念和对国难的忧虑，都加倍激发了少年黄祖洽刻苦读书砥砺成才的志气。在《天日放晴记乐》一文中，他推己及人、心系天下，由“朔风凛冽，刺人筋骨，皮肉木僵”的冬寒，想到“寒衣既无着落，身命自如毫毛”的“流落天涯之难民与夫喋血前方之将士”。在《建设心理国防之重要性》中，他回顾清末屈辱历史，表达了对国家存亡的深刻忧虑：“吾国自逊清末叶，甲午中日战后，列强瓜分之局日以形成，异族侵陵日以增甚，其危迫之状，言速则受鲸吞之，盲幾则迎蚕食之祸”。在《民贫则奸邪生说》中，他大力抨击官吏昏暗致使民风凋敝、国家积弱：“是以饥荒之岁，穷苦之民，内有冻馁之病，外无仁政之施，纷纷揭竿而起者无日无之”。在《客居杂记》中，他大胆揭露了“上自军警各界，下至普通居民，无不乐而为之，亦无不精悉此道”的麻将赌博之风：“河口既受此种种恶劣风气熏染，其社会情形自极黑暗，居民亦习于衰颓萎靡，毫无振作之象”。深重的民族危机意识鞭策着黄祖洽发奋学习，力图以科学开启民智、报效祖国。

初三上学期的《杂记一则》中，黄祖洽写了这样一件事，很能体现他科学家的素质：杨村东南约十里许的狮子山上有神仙洞，当地百姓传说此山为狮子所化，“每遇阴风惨雨之时，犹可闻怒吼之声”，而传说此洞则“直通石塘，亦无人经过”。黄祖洽和同学利用假日探究这个幽深难行、空气不佳的山洞，终于探明，山中既不能听见狮吼，更遑论遇到神仙，“直通石塘”更是无稽之谈。黄祖洽在习作中感叹：“方知乡民之传说，实无可信之价值，而我人处世，亦不能不具研究之精神及坚忍之毅力也。”在《杨村杂记》一文中，黄祖洽通过深入细致的观察和分析，对学校驻地河口、杨村的地理形势、土特物产、历史现实以及民俗文化心理，都进行了详实的记述。他写杨村“生活程度甚低，故居民多流于懒惰而不振作，且以地处荒僻，文化不开，是以迷信观念深入民间”，在俗传仙翁葛洪得道之处修建的葛仙宫，朝拜者众，香火颇盛，便是一例。黄祖洽用科学理性的眼光和报国入世的情怀书写着周遭的一切，寄托着一个热血少年的一片丹心。

老师对黄祖洽的文章也是十分肯定，经常作为范文，抄出来张贴在外。在他关于课本中庾信《小园赋》的一篇读后感想后面，老师批语道：“骈散一炉，文情俱胜，使季绳（黄祖洽的字）而专研文学，不难出人头地也，勉之望之。”虽然黄祖洽后来并没有如老师所愿在文学上深造，但深厚的人文修养和驾驭文字的能力令他受益终生。在黄祖洽的笔下，科学与人文交织，智慧与情感共鸣，既有严谨的逻辑，又有澎湃的激情，展现了一位科学家深厚的文化底蕴和博大的爱国情怀。

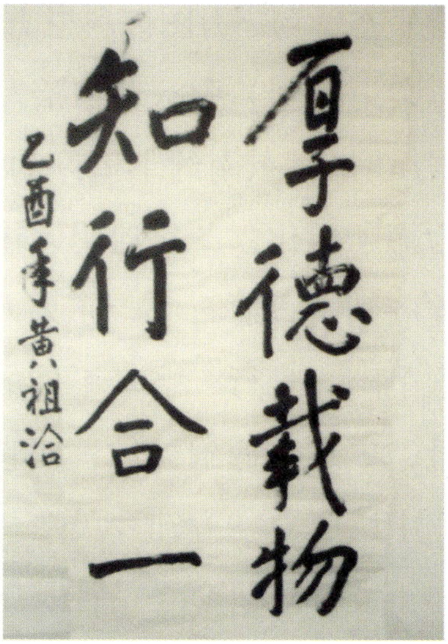

黄祖洽手书。终其一生，他都在践行“知行合一”

晚年，当人们问起黄祖洽“为中华崛起而读书”的情怀时，他是这样说的：

“我记得当初年轻的时候我的阅读范围比较广，像梁启超的那些著作我也很感兴趣。我们在历史上经历过侵略，就更应该对我们中华文化的繁荣感到骄傲。我也是受梁启超爱国思想的影响，当时就想科学救国，所以一定要学习好，才能够为国家贡献一点力量。”

1.4 走上街头的热血青年

1945 年 8 月 15 日，日本投降，抗日战争胜利，每一个中国人都沉浸在无比的喜悦与激动之中。黄祖洽也不例外，在那些充满硝烟的岁月里，他切身感受到了民族危亡下的艰难困苦，亲眼目睹了战争带来的深重灾难。此时的他，正和西南联大的师生们一道，渴望用科学让国家真正强大起来。战时组成西南联大的北大、清华、南开三校正在准备复员北上，恢复校园秩序。

然而，国民党统治集团违背全国人民迫切要求和平共治的意愿，坚持反共反人民的内战政策，阴霾又重新笼罩了中国，国内掀起了大规模反内战运动。西南联大不仅是学术重镇、人才摇篮，作为 1941 年"倒孔（祥熙）"运动的发起者和策源地，在 1945 年的爱国民主运动中发挥了"民主堡垒"的重要作用。

1945 年 11 月 25 日晚，昆明几所大学的学生自治会在西南联大举行反内战时事晚会，到会者达六千多人，民主战士吴晗、周新民、闻一多参加了讨论会，钱端升、伍启元、费孝通、潘大逵四位教授就和平民主、联合政府等问题做了讲演。国民党军警包围联大，放枪恐吓学生。次日凌晨，联大民主墙、图书馆四周墙上，贴满了学生连夜赶制的抗议书、呼吁书与罢课倡议书。

11 月 27 日，昆明市学联决议全市总罢课，并成立了各校罢课联合委员会（简称“罢联”）。在罢课委员会组织下，黄祖洽参加了宣传小组，开始和热血青年们一起走上街头向人民解释内战必然毁灭中国的道理，做反对内战、团结抗日的讲演，控诉军警对联大学生集会的武装威胁。

12 月 1 日，武装军人和暴徒在西南联大校园袭击学生，造成四人死亡，三十多人重伤，昆明爆发了“反对内战，争取民主”的“一二·一”民主运动。在此期间，昆明学生每天出动一百多个宣传队到街头、工厂和郊区农村宣传，遭到国民党特务的殴打和追捕，许多学生受伤。重庆、成都、上海等近二十个城市的学生、民主党派和各界人士迅速以示威游行的方式支援昆明学生，以学生运动为主体的“一二·一”席卷了国民党统治区，在全国揭开了反内战、争民主的高潮。

大学时期的黄祖洽

作为西南联大“罢联”宣传小组成员的黄祖洽，此时积极投身学生运动之中。那段时间，去昆明市区做演讲、宣传成为了黄祖洽大学生活的一项特殊内容。那时昆明市中心的近日楼，有一座高台和环绕的小广场。黄祖洽就曾在这里做过演讲，吸引了众多市民驻足聆听。除了在市区的演讲，黄祖洽还与同学们走进了中小学校园。

那时的中小学生对大学生的演讲充满好奇，加之对内战与反动行径的痛恨感同身受，使得黄祖洽和同学们的演讲备受欢迎。五华中学是他那时常去的学校。在学生运动期间，学校周围被栏杆围起，大门紧闭，但这并未能阻碍黄祖洽。他个子较小，身手灵活，就从栏杆缝里面钻进去，与那里的同学们汇合。大家都特别积极，缺乏油印旗，便自制工具，弄来油印的玻璃滚子加上自己刻的蜡版，将抗议的拳头标志印在旗子上。黄祖洽在参与这些活动时，感到自己浑身都充满了正义感。他们激烈反对内战，分享着自己和他人遭受反动派迫害的经历，激起了广泛的共鸣。这些演讲不仅吸引了听众，也激励了更多学生加入到他们的行列，共同参与反对内战的宣传活动，发挥了青年的进步作用。

其实，抗战胜利后的生活条件依然不是很好。虽然相对于中学时期，黄祖洽在西南联大的生活水平有了相当大的提高，但仍需依靠学校的助学金（当时叫作贷金）来维持日常开销。因为学校开支有限，只能给申请贷金的学生提供午饭和晚饭，无法提供早餐，黄祖洽整个大一就都没有吃过早饭。到了大二，学校附近基督教青年会办的学生服务处招学生去勤工俭学，黄祖洽就去帮忙协助管理阅览室、浴室等，待遇也很微薄，不过每天有早餐券可以拿，早上就能吃到新鲜的豆浆和馒头了。大学期间的黄祖洽没有像样的笔记本，就收集演草纸，把报纸边上的留白一条条仔细剪下来，然后将这些装订成一个小小的笔记本。到了夏天，昆明的蚊虫很多，黄祖洽就和同学们跑到市场淘来当时驻扎在昆明的美国空军的军用避蚊油来用。

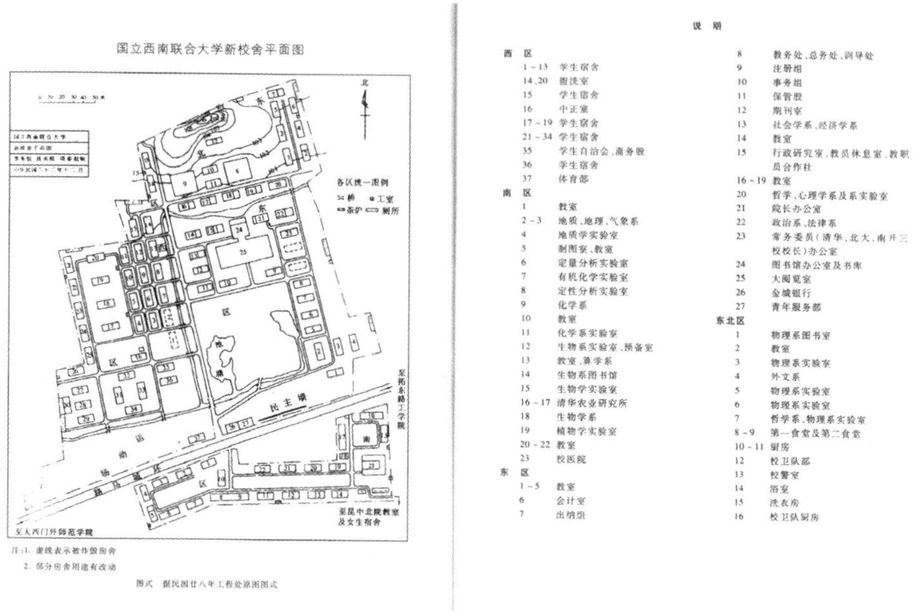

西南联大校舍平面图

生活的艰辛总是让人愈加渴望国家的安定繁荣。简朴的生活条件下，黄祖洽热切跳动的拳拳爱国心，使他坚定地与同学们一起走上街头，用青春和热血为国家的未来呐喊。虽然学生们的爱国民主运动并没能阻止国民党当局的战争企图，但他们的每一次演讲和宣传，都是对黑暗现实的有力控诉，对光明未来的坚定追求。

12 月 27 日——罢课持续一个月后——学校恢复上课。黄祖洽和他的同学们将一片爱国热忱化作了学习的动力，在科学的殿堂中加倍努力，钻研上进。

自 1937 年以来求学路上的坎坷历程和生活艰辛，如同磨砺宝剑的砺石，不仅锻炼了黄祖洽坚韧不拔的意志，更激发了他对于国家的责任感和使命感。学生时代的经历，成为了黄祖洽人生中宝贵的精神财富，也为他日后在科学研究和国防事业上取得卓越成就奠定了坚实的基础。在国家和民族最需要的时刻，他愿意挺身而出，为国家的明天贡献自己的知识和力量。多年以后，当黄祖洽最早的研究生之一冯世平教授回忆起恩师，总是满怀敬意地反复说起黄祖洽的拳拳爱国心："黄先生极其的爱国，是我接触过的人中最爱国的，他一心一意地为祖国做贡献，是真正优秀的共产党员中的模范党员。"

2012 年黄祖洽（右 1）和联大老同学小聚合影

第二章　创新篇

1950 年作为新中国从清华大学毕业的第一位研究生，黄祖洽进入中科院近代物理所工作，自此他的人生便与祖国的核科学事业牢牢地牵在了一起。理论物理和核物理学家、“两弹一星”杰出贡献者、中国科学院院士、原第二机械工业部第九研究院理论部副主任、北京第九研究所副所长、原子能研究所副所长、北京师范大学教授及低能核物理研究所名誉所长、《物理学报》主编……每一个身份，在每一个国家重要科研单位留下的深刻足迹，都见证了他在中国核工业历史上留下的浓墨重彩。

黄祖洽是我国核反应堆理论和设计的奠基人之一，为我国核反应堆事业的发展做出了重要贡献。在众多“两弹”功臣之中，黄祖洽是唯一同时参加并指导原子弹和氢弹研制的科学家，在原子弹和氢弹的设计原理上，做出了历史性的贡献。同时，他也是推动成立中国核数据中心的倡导者，是我国最早深入钻研中子输运理论并在核反应堆理论上卓有建树的理论物理学家。他为我国核科学事业不断开拓、不懈追求的一生，被后人概括为“弹思求火壮国威”。

2.1　一场特殊的物理学家集会

2004 年 10 月 9 日，北京师范大学英东楼学术会堂召开黄祖洽院士八十华诞庆祝会，多年未聚首的诺贝尔物理学奖获得者杨振宁、李政道同排就座，朱光亚、彭桓武、何泽慧、于敏、周毓麟、陈能宽、何祚庥、胡思得、叶铭汉、贺贤土等 50 多位中科院和工程院院士欢聚一堂，教育部副部长吴启迪、中国工程院副院长杜祥琬也到会祝贺，成为中国物理学界的一次盛会。

朱光亚（左 2）、杨振宁（右 2）、李政道（左 1）、吴启迪（右 1）参加黄祖洽（右 3）八十寿辰

在到会的有关领导讲话之后，特邀嘉宾开始踊跃发言。

“两弹一星”元勋朱光亚在西南联大时是黄祖洽的学长，曾与黄祖洽长期共事，他讲道：

“祖洽同志是我国核反应堆理论的奠基者和开拓者之一，是我国原子弹、氢弹理论研究与设计的重要领导者和参与者，他功底扎实、治学严谨、深入实际、善于创新，为我国国防科技和国家科学事业的发展做出了重大的贡献。祖洽同志不仅是一位杰出的理论物理学家，也是一位开拓进取的教育家。1980 年他离开核武器研究院以后，在物理学科的基础研究和人才培养方面取得了新的成就。我听说直到现在祖洽同志仍然坚持讲授大学本科的课程，风采不减当年，让我这样一位老同志、老朋友感到无比地钦佩。上世纪五十年代开始我有幸与祖洽同志一起共事，得到了他的很多的帮助和启发，结下了深厚的友谊。他胸襟开阔，淡泊名利，非常值得我们学习。”

朱光亚在黄祖洽生日会上

“两弹一星”元勋彭桓武是黄祖洽的导师，他说道：

“我和黄祖洽从1949年他在清华大学做研究生开始，相识和共事二十余年，以后也经常沟通和相互切磋。这是十年前他七十岁生日写的，这首诗就将我和他的关系体现得很清楚了：

“廿月师徒，多年战友，逢时顺势同行走。科研设计育人才，尖端理论摇龙首。

“后面这句话搞核武器的都相当清楚了，尖端理论摇龙首。”

杨振宁是黄祖洽在西南联大时期的学长，他发言说：

“我们都知道20世纪是中华民族复兴、中华民族崛起的一个世纪，这是全世界的人们都承认的。而这个崛起之间重要的一个环节——也许是最重要的环节，就是中华民族对于国防方面所做出来的重大成果，而在这个重大成果之中黄院士扮演了一个非常、非常重要的角色。黄院士跟我们都八十岁了，我想一个人到了八十岁不免要回忆一下子，我这一生到底做了些什么事情，我想黄院士会想到他对于中华民族子子孙孙的重要的贡献，对于今天中国在世界的地位的贡献，我相信他会感觉到骄傲与欣慰的。”

黄祖洽与杨振宁共读自己的随笔集《三杂集》

李政道曾经在西南联大与黄祖洽同班学习，他说：

“在1946年我跟祖洽还是大学二年级的本科生，当时我就非常佩服祖洽对物理的了解跟他的能力。……我在美国跟的是费米教授，费米教授是全世界核反应堆的创建人，而以后也是美国原子弹的主要领导人之一，可是我对原子弹什么都没学，辜负了当初吴大猷教授选我去美国学原子弹的目的。可是祖洽呢？祖洽留在祖国，完全靠他自己的能力和他的努力，成为祖国的核反应堆理论奠基人开拓者之一，在祖国对原子弹、氢弹的理论研究方面做出了历史性的贡献，是完全靠他自己的才能、努力和祖国的环境。”

黄祖洽与李政道并肩偕坐

之后何祚庥、杜祥琬、叶铭汉、贺贤士、胡思得、彭先觉相继作了发言，从不同方面对黄祖洽在科研和教育领域所作贡献进行了赞扬。其中曾经与黄祖洽院士一起在九院研制原子弹、氢弹，担任过中国工程物理研究院院长的胡思得院士说：

“我想补充两点，第一点，我们国家氢弹为什么研究得那么快，有很多原因，但我想有个非常重要的原因：当时我们在搞原子弹突破的时候，部党组就委托钱三强同志在当时的原子能研究所组织起一支队伍，开始研究氢弹的基本理论，包括热核反应的基本理论，氢弹的作用机理，以及一些基本的参数。这件事情我觉得是非常之重要，我们这边的原子弹理论突破以后，当时在原子能研究所的这支队伍，有几十个人组成的，整个连人带资料都转移到核武器研究所，把两支队伍合在一起进行突破。所以大家知道，在第一颗原子弹爆炸成功之后的两年零两个月，我们的氢弹原理就成功地突破了，两年零八个月，第一颗氢弹就爆炸成功了。这与当时部党委有这么一个安排有很重要的关系。而在原子能研究所领导这支队伍的人就是黄祖洽和于敏两位同志，分别是组长和副组长。当时黄祖洽是两边跨的，一半时间在九所那里指导我们搞原子弹，另一半时间就在原子能研究所搞氢弹，所以当两边一合并，我们搞氢弹的速度就非常快。这是我想说的第一件事情。

第二件事情我想说的是他对我个人的教育。我很荣幸，在研究所里，黄祖洽指导我做中子源的工作，昨天《科学时报》上有一篇文章讲到黄祖洽院士怎样教育学生，启发、引导、教做学问的道理，我对这点深有体会。在突破原子弹的时候，我们都是用手摇计算机来进行计算，当时在某些问题上我们遇到了很大的困难，算不下去了，觉得有问题，当时好多专家都在讨论，像彭公、郭永怀、程开甲等老专家都在讨论，到底是什么问题？争论得非常激烈，有的擅长于搞力学的，从力学的角度出发分析这个问题；有的从物理的角度讲，讲得头头是道，很快给大家一个清晰的概念。我们当时是刚刚毕业的大学生，具体算是我们算的，在会上我们讲讲是怎么算的，算的好像没有多大问题，可是算的结果不对，一共算了九次。我们虽然刚刚毕业，但很荣幸能有机会与老专家们一起讨论，在会上听了（觉得）这些老专家们讲得很漂亮。有一天晚上，我们吃晚饭以后，我与黄祖洽同志一起散步，我就说：在会上，我真佩服这些老专家，水平都很高，讲得都很漂亮。黄祖洽就跟我说：小胡呀，你不能光看热闹，你得想想每个人讲的都有哪些优点。他就给我举个例子：譬如说，为了简化问题，就用微扰论，那么每个人讲的都不一样，如程开甲是搞固体物理的，什么都展开，把后面的小量都丢掉，给大家一个很清晰的概念；周光召就用微扰论，一阶小量，二阶小量……，把二阶小量后面就不要了；彭公就更厉害，“三”等于无穷大，把两个因素一比，如果等于三，就视为无穷大，也就是说只考虑分子的因素，把分母的部分就不要，先暂时不要考虑，这样来讨论问题。当时也没有大型计算机，都是手摇的，再加以分析。

所以他说，你应该学习每一个人发言的优点是什么，你把这些东西都学会了，将来你就是个了不起的科学家。但很遗憾，我没能把他们都学会，但是教给我一点，就是和大家共事的时候，要多想想别人有什么优点，我觉得这点非常重要。因此是黄祖洽同志领我进了这个科学的大门，使我在后来的工作中经常考虑别人都有哪些优点，特别是在核武器研究这么一个集体性很强的工作过程中是非常重要的一件事，这点给我的印象特别深。最后祝老黄身体健康，开个玩笑，让时间坐标倒退 40 年，我刚刚见到黄先生时，就是他现在的这个样子，我祝愿他再过 40 年还是这个样子。”

老同事、老朋友们知道黄祖洽在核科学事业上的成就，更明白他为“两弹”所做出的贡献，他们肯定和赞扬他所做的贡献，更是肯定他的为人。但是谦逊的黄祖洽最后在生日宴会的答谢上却这样说：

“各位贵宾，贵宾当中有我的老师，也有我的学长，还有我的老同学、老同事、老朋友，谢谢你们今天来参加这样一个会议，同时也谢谢刚才发言的一些先生们对我的夸奖。实际上我自己觉得也没有做什么事。回想起来虽然我今天已经80岁了，可是我觉得好像从开始念小学到现在也很快的样子。而且我始终在心态上还是一个学生的心态。因为实际上——比如我举个例子，刚才胡思得院士，他很客气，他说我对他有很多的帮助——实际上我想起来，我刚到核武器研究所的时候，向胡思得这些年轻同志学

彭桓武（左1）、黄祖洽（左2）、何泽慧（左3）、于敏（右2）和陈佳洱（右1）

习了不少东西，比如冲击波和稀疏波怎么相互作用的问题。而且从他那儿学到这些东西以后我马上应用到了具体工作中，解决了具体任务里的一个问题。所以在座的不管是年长的还是年轻的，我在和他们交往的过程中，总是感觉能够向他们学到不少东西，所以我作为一个学生在这里谢谢大家！”

黄祖洽八十寿辰生日会收获了媒体广泛的关注，后来有记者问他：没有评上“两弹一星”元勋，有什么想法？他回答说，“不是因为可以当功臣，我才去做这件事。它是国家的需要，也是我个人的兴趣。”平淡如水的回答，恰是黄祖洽最为朴素的注脚。

2.2 殚思觅火三十年：黄祖洽的主要科研成就

黄祖洽八十寿辰的生日会，为何引起了来自物理学界和社会各界的广泛关注，让杨振宁、李政道、朱光亚、彭桓武、何泽慧、于敏等 50 多位中科院和工程院院士齐聚一堂到场庆贺呢？这与黄祖洽的科研创新成就、教书育人成果和令人敬服的人品，都有脱不开的关系。他不仅是一位天才的理论物理学家，一生中取得了许多开拓性的科研成就；更是我国核反应堆理论和设计的奠基人之一，1950—1980 年为我国和平利用原子能和原子弹氢弹等战略核武器研制成功立下特殊功勋。

1948 年，黄祖洽以优异的成绩毕业于清华大学，并选择继续留校攻读研究生，先在钱三强教授与何泽慧教授的指导下做了半年核乳胶方面的研究工作，后师从彭桓武教授，在他的指导下完成了毕业论文《氟化氢分子的一个量子力学计算》。1950 年，作为新中国从清华大学毕业的第一名研究生，黄祖洽被分配到中国科学院近代物理研究所，继续在彭桓武教授指导下工作。

1955 年 1 月，党中央决定发展原子能事业，急需开始核反应堆方面的理论研究。彭桓武、黄祖洽也率先转入核反应堆领域的开拓之中，从事核理论及反应堆理论的研究工作。1961 年，黄祖洽开始以兼职方式在二机部第九研究所（1964 年更名为“九院”）任理论部副主任，1965 年后正式调入九院工作。1980 年，56 岁的黄祖洽当选为中国科学院学部委员，同年从中国工程物理研究院第九研究所副所长的任上调入北京师范大学低能核物理研究所任教授兼所长。1981 年，黄祖洽被聘为国务院学位委员会学科评议组成员；直到 1984 年，他仍在兼任中国原子能科学研究所（现中国原子能科学研究院）副所长，主管理论研究。1983 年，黄祖洽开始任《物理学报》主编和《中国物理快报》第一任主编。

历数黄祖洽的科研历程，其主要成就可总结为以下五个方面：

第一个方面是核反应堆的理论设计。上世纪 50 年代初期，黄祖洽对苏联拟援建的重水反应堆进行了独立的理论计算，纠正了苏联原设计中关于临界尺寸计算的错误。他在彭桓武领导下举办了反应堆理论学习班，为我国培养了第一代反应堆理论研究人员，后来又参与和组织了铀水堆（用于核潜艇）、石墨堆（用于生产）、元件堆（用于试验元件）的研究和设计。

第二个方面是核燃料生产中安全规程的制定。为保证核燃料生产和加工中的临界安全，第二机械工业部成立专门小组，制定核燃料生产中的安全规程，彭桓武和黄祖洽先后任组长。1966 年，黄祖洽带领该小组提出了保证临界安全的一系列措施，并制定了操作规程。这一规程后由第二机械工业部正式形成文件。

第三个方面是原子弹、氢弹设计原理中的物理理论问题的研究。黄祖洽是核弹物理问题研究的主要负责人之一。他对于材料的物态方程、中子点火装置的结构原理、核反应的动力学方程及其他一系列重要问题的研究都作出了重大贡献。

第四个方面是中国核数据中心的建立。1964 年，黄祖洽提出了核数据在反应堆和核武器研制中的重大作用，需要加强其实验测量和理论计算。1972 年初，他正式向第二机械工业部呈送报告，助推了中国核数据中心的成立，黄祖洽任该中心顾问。

第五个方面是在输运理论及统计物理等其他领域的创造性工作。1980 年后，黄祖洽在北京师范大学低能核物理研究所工作期间，继续在稀薄气体输运理论、离子注入、金属缺陷、分子物理、浸润相变等领域深入开拓，结合培养研究生做了大量研究工作，并发表了诸多论文。

1982 年，黄祖洽教授作为主要作者之一的科研成果——“原子弹、氢弹设计原理中的物理力学数学理论问题”获国家自然科学一等奖。1983 年，黄祖洽教授的著作《核反应堆动力学基础》荣获全国科技图书二等奖。1991 年，黄祖洽教授为第一作者的科研成果——“中子和稀薄气体的非平衡输运和弛豫过程”获国家教委科技进步一等奖。1988 年，黄祖洽教授被授予“北京市高等教育系统先进工作者”称号。

2.3 苏联专家说，“你是对的”

中国科学院建立后于1951年8月首次向苏联派遣出国留学生，黄祖洽也由此开始了前后四次前往苏联学习的经历，1953年2月至6月，他作为中国科学院访苏代表团专业翻译，第二次去苏联访问。回到北京后，近代物理研究所改名为物理所，搬到了中关村。黄祖洽也继续在彭桓武的领导下进行着原子核物理方面的调研。过了一段时间，钱三强给了黄祖洽一个新的任务，开始着手对反应堆理论进行调研。当时，反应堆理论的研究具有相当的保密性，加之美国对中国实施的封锁与禁运政策，公开可查的外国资料极为有限。可以获取的资料，只有龙门书局影印英文版《中子物理》（*Neutron Physics*，Fermi 著）中最后一章的反应堆相关内容，和俄文译本的《反应堆理论》（*The Elements of Nuclear Reactor Theory*，美国学者 Glastone 著），其中有些略而不详的参考内容。黄祖洽就以此为基础，自学并调研反应堆理论。黄祖洽结合自己对扩散方程和中子输运理论的深刻理解，尝试进行均匀反应堆模型的计算。他面临的挑战包括如何确定强吸收中子的物体，例如铀棒或控制棒，在中子场中的分布情况。黄祖洽就自己试做了一个均匀堆、自己出练习题做，不断磨练自己的技能。这些预备性的研究工作，为他后来第三次赴苏参与实验型重水反应堆设计审查的任务，牢牢地打下了根基。

1956 年春黄祖洽摄于莫斯科河畔

1955 年 10 月 19 日至 1956 年 6 月，在钱三强的带领下，黄祖洽作为“热工实习团”的一员，第三次前往苏联，对苏联的热工研究所进行考察。当时苏联答应援建“一堆一器”，即重水反应堆和回旋加速器，考察团本次的主要目的是学习苏联的经验、参加实验型重水反应堆和回旋加速器的设计审查，黄祖洽和导师彭桓武都在其中，他们的主要任务是接收苏联援助我国重水反应堆的理论设计。两人住在莫斯科郊外一家名为“十月”的旅店中，白天一同前往研究所聆听研究人员的讲座，晚上回到旅馆继续研读资料，并就所发现的问题进行深入讨论，为后来计算出反应堆的临界值奠定了重要的基础。

在苏联热工研究所，一位主管工程师首先就重水反应堆工程结构作了报告。黄祖洽和老师彭桓武在听报告时产生了一些疑问，对报告内容并不完全赞同。大家对于此次考察有一个共识，虽然苏联方面承诺将提供给我国重水反应堆工程结构，但我国科学家也要对反应堆的各项数据进行研究。于是，报告结束后，他们开始研读由该所反应堆理论主管加拉宁（Galanin）博士撰写的资料。这些资料在当时属保密性质，需要每天从保密室借出，并在下班前归还。在阅读过程中，彭、黄师徒二人将遇到的问题手抄下来，以便找机会向加拉宁博士请教讨论。

黄祖洽凭借自少年时培养的自学能力，迅速投入到了自主计算中。他首先根据反应堆元件和活性区中各种材料的结构以及中子截面数据，尝试计算出活性区元件栅格的增殖特性。在此基础上，他考虑了控制吸收棒的效应、反射层的作用和几何配置的影响，算出了活性区的临界尺寸。通过计算，他得出了在一定高度的重水水平面下，活性区中需要插入多少根元件，反应堆才能达到临界状态。

黄祖洽采用了两种方法对临界尺寸进行计算：一种是将不均匀的活性区视为均匀的增殖介质，用中子通量加权平均的方法进行计算；另一种是将具有复杂结构的元件抽象成线源，并用非均匀方法计算重水介质中线源栅格的临界尺寸。两种方法分别模拟了活性物质跟中子的作用分散、或作用集中的极端情况，实际的情况应当在二者之间。经过仔细计算，两种方法得出了临界尺寸的同样结果。

然而，这一结果与苏联方面的设计方案存在显著差异。苏联专家认为反应堆需要 63 根燃料棒才能达到临界大小，而黄祖洽的计算结果显示仅需 56 根，两者相差超过 10%。尽管苏联当时的核工业处于世界领先地位，拥有众多核物理反应堆方面的权威和专家，但黄祖洽从小养成的敢于挑战权威、相信自己的科研精神让他坚信自己的计算结果。经过与加拉宁博士的深入讨论，加拉宁博士最终也认为设计书上的数据可能存在错误。在反复测算后，苏联方面真诚地表示：“你可能是对的。”最终，在该反应堆启动时的临界实验中，黄祖洽的计算结果得到了证实。

后来，加拉宁博士的资料成书并公开发行后，特意将这份智慧的结晶寄给了黄祖洽，而黄祖洽也不负所望，将其翻译成中文，为国内核科学的发展贡献了一部宝贵的理论著作——《热中子核反应堆理论》（科学出版社，1958 年）。这本书不仅系统阐述了热中子反应堆的理论基础，更提供了丰富的实验数据和实际操作的指导，成为核工程师、物理学家以及相关专业学生的得力助手。

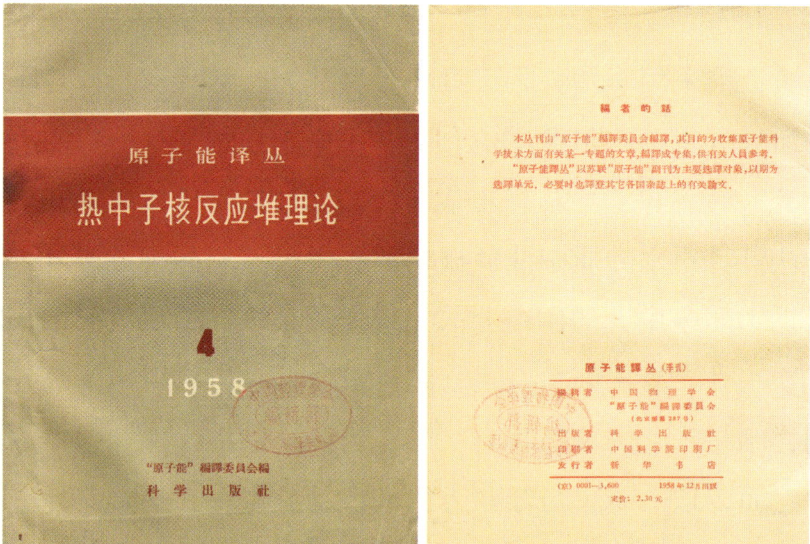

黄祖洽以示水笔名翻译出版的《热中子核反应堆理论》（封面及封底）

1956 年，黄祖洽带着在苏联积累的宝贵经验和知识回国，随即参与了原子能研究所副博士的考试，并以他在核反应堆理论方面的卓越工作赢得了认可。同年，苏联援助我国的实验性重水反应堆和回旋加速器正式开工，标志着我国核科学事业迈出了坚实的步伐。面对紧迫的时间表和重大的责任，黄祖洽与彭桓武携手，在中科院物理所举办了为期一年的反应堆理论学习班，培养了中国第一代反应堆理论研究人员。

最终，在我国 1958 年实际建堆的临界启动中，采用了黄祖洽的临界尺寸结果。建堆临界的成功启动，进一步证实了他当年的计算结论的正确性。在那个充满挑战与创新的年代，黄祖洽的科学探索精神不仅在国际舞台上展现了中国科学家的风采，更为祖国培养了一大批核科学领域的新生力量。

2.4 原子弹研制：从原子能所到九所

上世纪50年代，初生的新中国，面临着西方核大国的核讹诈核威胁。1955年1月15日，毛泽东主持中共中央书记处扩大会议，专门研究发展原子能问题，会议做出了关于研制原子弹的决定。轰轰烈烈的“两弹”事业由此拉开序幕。

九局、九所与原子能研究所

1957年10月，中苏签订了国防新技术协定，苏联承诺援助我国研制原子弹，并提供原子弹的教学模型和图纸资料。我国很快于1958年建立了核武器研究所，等待接受苏联的援助。1月，三机部（2月改称二机部）成立了九局，负责组织核武器的研制工作；7月，二机部、科学院决定，中国科学院物理研究所更名为中国科学院原子能研究所。同时，在北京海淀区花园路附近建立了北京第九研究所即九局的理论部，主要任务是接受和消化苏联提供的原子弹教学模型和图纸，以及调集、培训人员；而远在青海金银滩的核武器研制基地“221厂”即九局的实验部也开始了建设动工。

1958年秋，邓稼先从中科院原子能所调入九所，担任理论部主任。1961 年 4 月，从苏联回到原子能所的王淦昌、原子能所理论室主任彭桓武和力学研究所副所长郭永怀，三人都被调入九所，并担任副所长。在新中国原子能事业的谋篇布局下，中科院原子能所与新成立的九局、九所，开始了愈加密切的联系。

黄祖洽与四七零组

原子弹的研制工作日趋步入正轨，苏联却在援助的同时，提出旨在控制我国、侵犯我国主权的关于建立联合舰队和长波电台的建议——遭到我党中央的严正拒绝。1959 年 6 月，苏联背信弃义，撕毁协议，停止了对我国核武器研制的援助，并于 1960 年 8 月撤走援助核工业的 233 名苏联专家，带走了重要的图纸资料。在这样的背景下，我国必须坚持独立自主、完全依靠自己的力量发展核武器的道路。正如周恩来同志所说：“我们不理睬它，自己动手，从头摸起，准备用八年时间搞出自己的原子弹。”

原子能所四七零小组部分青年研究人员

（左起：郑绍唐、叶宣化、吴翔、张连贵）

1959年下半年，在原子能研究所所长钱三强领导下，令黄祖洽作为组长，成立了由郑绍唐、吴翔、孙绍麟与陈乐山组成的四人小组，探索原子弹的设计原理，称为四七零组，并且定期直接向钱三强汇报。根据钱三强的指示，黄祖洽带领四七零组从研究快中子堆入手开展这一工作，调研了以美国为代表的各国快中子堆的发展情况和实验数据。当时可获取的资料极少，连中子的核截面数据都没有，钱三强就想方设法找资料给大家复印。那时还没有复印机，需要先把文献资料照下来，再印出来，花费也很大。在这些珍贵资料的基础上，四七零组研制了快中子堆的单群参数，并分头调研了快中子反应堆临界度的计算方法；由此着手研究枪法原子弹的理论问题。

在此期间，四七零组与九所——也就是核武器研究所理论研究室的邓稼先、胡思得等研究人员，平行开展工作，定期地进行成果交流和研讨。钱三强、彭桓武、何泽慧、朱光亚等都经常参会并发表指导意见。

起先，九所理论研究室就中子方面的问题，找来四七零组一起讨论和研究。但当时九所的地点需要保密，原子能所的人不能到核武器所去，所以常常是在中关村找个地方来交流工作。这样过了一段时间，大家感到工作的不方便，领导上也为了集中力量加快掌握原子弹技术，就在1960年7月将四七零组的四名成员调到九所，黄祖洽则在两个单位各占一半的时间工作，重点研究裂变材料的状态方程问题。黄祖洽研究反应堆理论时，对于有关裂变材料的状态方程就有了深入的研究，在他的带领下，用Thomas-Fermi（托马斯－费米）的理论方法，攻克了这一难题。

“半导体”与大三角

状态方程的工作完成之后，九所分成了几个研究室，邓稼先担任理论部主任，主要负责组织领导和调配科研力量；副主任周光召协助组织管理，主要负责力学方面的工作；黄祖洽、周毓麟、江泽培、秦元勋和何桂莲几个副部主任除了负责不同的专业领域外，还各自分管九所的研究室。黄祖洽于1961年开始以兼职方式任理论部副主任。原四七零组的郑绍唐、孙绍麟、吴翔、陈乐山，再加上其他人员成立了一室，黄祖洽作为理论部副主任分管一室，主要负责中子计算、热测试等工作。

其实，从1959年下半年开始，为了原子弹的研制工作，黄祖洽就一直往返于位于北京市房山区坨里的原子能所和北边花园路的九所之间。两个单位一南一北，加上黄祖洽家住的中关村科学院宿舍，黄祖洽日常工作往返的路线形成了一个大锐角三角形。

按当时的规定，黄祖洽要把中科院原子能所这边的工作带到九所去，而九所那边的工作却不能透露给原子能所，大家说黄祖洽充当了“半导体”的重要作用。对于自己组内的科研人员，黄祖洽也是严格执行保密要求。刘恭梁回忆自己毕业后分到原子能所跟着黄祖洽做科研工作，先是接到一个题目，过一周再给一个题目，并不透露出整个计划。随着研究的深入和计算的清晰，刘恭梁隐约感到这是原子弹研究中的问题，黄祖

黄祖洽摄于原子能所图书馆

（年代不详）

洽仍然不会透露机密，只是给出必要的参数，让计算进行下去。后来刘恭梁调到九所后，恍然发现在那里接到的计算任务竟然和原先黄祖洽在原子能所交给他的任务完全对上了。黄祖洽就像是一座看不见的桥梁，把两边的工作内容和进度联系在一起。

在 1960—1965 年期间，黄祖洽一直同时在原子能所和九所理论部工作，直到 1965 年 5 月正式调入九所，结束了“两边跑”的经历。

2013 年，年届九旬的黄祖洽重访原子能院图书馆

2.5 转向氢弹：从轻核理论组到核武器研究所

在 1958 年 6 月的一次会议上，毛主席进一步提出，“原子弹要有，氢弹也要快。”

1960 年底，在原子弹研制逐渐走上正轨、重大攻关进展顺利时，二机部刘杰部长和钱三强副部长高瞻远瞩，及时部署了突破氢弹的力量。1960 年 12 月，钱三强在原子能研究所成立“中子物理领导小组”，先行一步探索氢弹原理；在“中子物理领导小组”下，原子能所第四研究室成立了“轻核反应装置理论探索组”（简称“轻核理论组”，代号“乙项任务”），由黄祖洽任组长，成员有何祚庥、蔡少辉、萨本豪等十几个人。黄祖洽自此开始进入了氢弹的理论研究领域。

1961 年 1 月，于敏调入轻核理论组，任副组长。下半年，何祚庥和蔡少辉调到二机部九所参加原子弹的研究工作。1963 年又陆续有青年科研人员加入，队伍逐渐壮大，最多时有四十多人。直到 1965 年初轻核理论组并入九所之前，黄祖洽一直担任着组长一职。

原子能所轻核研究组三位主要成员

（左起：何祚庥、黄祖洽、于敏）

与此同时，九所在1963年刚刚完成原子弹理论设计后不久，也立即向氢弹研究靠拢，同时进行着氢弹的预研工作。

黄祖洽从1959年下半年起便开始在原子能所和九所之间两边来回跑，1961年底正式到九所兼职理论部副主任，被称为两个单位之间的“半导体”。而轻核理论组成立之后，黄祖洽这个重要的“半导体”还要继续发挥作用，并且同时从事原子弹和氢弹的研究，可谓十分辛苦。

在黄祖洽到核武器理论研究所兼职后，他是核武器理论研究设计的主要负责人之一。他与邓稼先、周光召等领导人，各自分管一个方面的研究工作。黄祖洽开创性地完成了带中子的辐射流体力学方程组的推导和确立，研究了核武器数值模拟计算中必不可少的材料的状态方程及中子多群参数，研究了原子弹中点火中子源的设计和中子产额的问题，探索研究了加强型原子弹，分工领导了含热核材料的加强型核弹的理论设计工作，并亲自到核武器研制基地，向核武器的生产、实验部门交付理论方案。

1964 年 10 月 16 日，我国第一颗原子弹爆炸成功。几个月后的 1965 年初春，二机部九院（九所 1964 年更名为九院）所在的北京花园路三号院迎来一批新客人。在中国第一颗原子弹成功爆炸后不久，氢弹的研究立刻被提升到首要位置。中央此时决定，轻核理论组调入九院理论部即核武器研究所，将此前从事氢弹预研工作的两股力量拧成一股绳，大力协同，集智攻关，共同向氢弹研制发起冲锋。黄祖洽的组织关系也在这年 5 月转到了核武器研究院，他是后来名盛一时的理论部八大主任之一。

从 1960 年底到 1965 年 1 月的 4 年多时间里，原子能所的轻核理论组在黄祖洽和于敏的领导下，解决了一系列有关热核材料燃烧的应用基础问题，也对氢弹的设计原理作了一些初步探索，提出了几种设计思想。在氢弹的预研工作中，黄祖洽以其卓越的数学天赋，成为首位成功推导出氢弹理论的第一套总体方程的科学家。他深入分析了热核武器如何将参与反应的物质有效组合，以实现高密度和高温度的条件，终于发现，氘（D）和氚（T）是热核反应的基本元素，而氚（T）则需要通过人工方法制备。氚的制备过程涉及到使用中子轰击锂-6，每次反应可产生一个氚原子。随后，氚与氘参与热核反应，释放出高能中子，这些中子进一步引发铀-238 的裂变，释放出更多的中子，形成连锁反应，从而在高温条件下促进氘和氚的持续反应。但是，由于炸弹爆炸的持续时间极短，氢弹理论设计的关键在于如何在爆炸发生且尚未分散的瞬间，实现反应循环的多次进行，确保氚和锂-6的充分消耗，使氚和氘之间的反应更加充分，以释放出更大的爆炸能量。为了实现这一目标，必须在高温和高密度的条件下进行。黄祖洽在理论设计中始终坚持高密度是最关键的因素，这一点至关重要。因为当中子与锂-6发生反应时，高密度环境使得中子与锂-6的碰撞概率显著增加，从而加速了氚的生成速率。尽管最初有人对黄祖洽关于高密度重要性的观点表示怀疑，但随着实验的深入，大家逐渐达成共识，认识到黄祖洽的理论分析是正确的。

1962年，黄祖洽在论文《轻核反应装置中轻核的能谱和有关的问题》中，对热核弹中轻核的能量分布进行了深入分析，确定了高能能谱向麦克斯韦分布过渡的能量阈值 E_c，并建立了描述高能区（$E > E_c$）中能谱的微分方程能量输运方程的一种简化形式。通过求解该方程，黄祖洽得到了通解，并针对定态与指数上升单能源两种情形进行了特例讨论。这些发现对于理解和优化热核武器的设计具有重要意义。此外，黄祖洽在氢弹理论、核试验装置、热测试理论等方面做了诸多重要工作。

1967年6月17日，我国第一颗氢弹空投爆炸试验成功。两年零八个月，我国创造了从突破原子弹到突破氢弹的世界最快速度。钱三强对此评价道：

“我们为什么原子弹爆炸后仅仅两年零八个月时间就爆炸了氢弹，而法国却要经过六年多时间？法国的原子弹比我们先爆炸，但我们的氢弹却比他们先爆炸。在这个问题上，除了我们在原料问题及早做准备以外，就是因为在专业设计机构抓原子弹设计的同时，在二机部党组委托下，原子能研究所有一部分理论骨干集中精力摸索氢弹原理，等到两支队伍一会师，就比法国快得多地把氢弹关突破了。”

黄祖洽在轻核预研组时所写的科研报告

这一时期，黄祖洽作为领导者在轻核理论组所完成的工作，许多都以“中华人民共和国科学技术委员会原子能科学技术文献”的形式内部出版。重要的有：《ALU 系统中中子的增殖、慢化、扩散和有关的问题》《关于起反应的粒子混合系统的运动论》《关于轻核反应装置中通过高能中子作媒介的链式反应机构》《关于轻核反应装置中轻核的能谱和有关的问题》《关于高温高压热核反应系统中的中子输运方程》等。氢弹的设计原理，各有核国家都把它列为最高机密，不可能在文献资料中找到，因此这些工作都是开拓性的，从无到有完全靠自己一点点摸索。黄祖洽的许多工作为后来人有关核武器理论研究工作打下了基础。有一位中国科技大学毕业的钱选清同志，在他后来写的回忆文章中用“如获至宝”来形容当年看到黄祖洽先生文章时的心情，他说：“把该（多粒子碰撞）论文翻来覆去仔仔细细研究了几个星期，对它的严谨和严密肃然起敬。”

黄祖洽1980年5月离开核武器理论研究所后，他又将一部分基础性研究成果总结在《核反应堆动力学基础》（原子能出版社，1983）一书中。1985年3月，钱三强先生在《光明日报》上专门撰文推荐这本书。

黄祖洽著《核反应堆动力学基础》

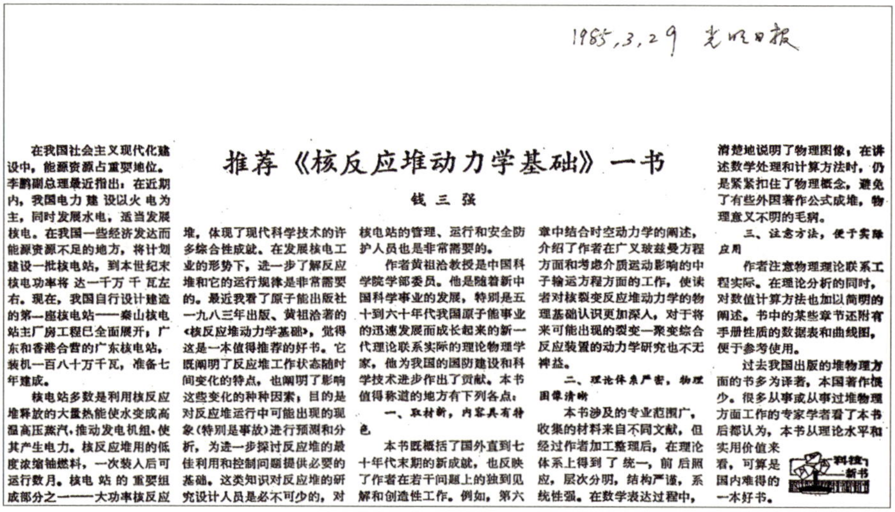

1985，3，29 光明日报

推荐《核反应堆动力学基础》一书

钱三强

在我国社会主义现代化建设中，能源资源占重要地位。李鹏副总理最近指出：在近期内，我国电力建设以火电为主，同时发展水电，适当发展核电。在我国一些经济发达而能源资源不足的地方，将计划建设一批核电站，到本世纪末核电功率将达一千万千瓦左右。现在，我国自行设计建造的第一座核电站——秦山核电站主厂房工程已全面展开；广东和香港合营的广东核电站，装机一百八十万千瓦，准备七年建成。

核电站多数是利用核反应堆释放的大量热能使水变成高温高压蒸汽，推动发电机组，使其产生电力。核反应堆用的低度浓缩铀燃料，一次装入后可运行数月。核电站的重要组成部分之一——大功率核反应堆，体现了现代科学技术的许多综合性成就。在发展核电工业的形势下，进一步了解反应堆和它的运行规律是非常需要的。最近我看了原子能出版社一九八三年出版、黄祖洽著的《核反应堆动力学基础》，觉得这是一本值得推荐的好书。它既阐明了反应堆工作状态随时间变化的特点，也阐明了影响这些变化的种种因素，目的是对反应堆运行中可能出现的现象（特别是事故）进行预测和分析，为进一步探讨反应堆的最佳利用和控制问题提供必要的基础。这类知识对反应堆的研究设计人员是必不可少的，对核电站的管理、运行和安全防护人员也是非常需要的。

作者黄祖洽教授是中国科学院学部委员。他是随着新中国科学事业的发展，特别是五十到六十年代我国原子能事业的迅速发展而成长起来的新一代理论联系实际的理论物理学家，他为我国的国防建设和科学技术进步作出了贡献。本书值得称道的地方有下列各点：

一、取材新，内容具有特色

本书既概括了国外直到七十年代末期的新成就，也反映了作者在若干问题上的独到见解和创造性工作。例如，第六章中结合时空动力学的阐述，介绍了作者在广义玻兹曼方程方面和考虑介质运动影响的中子输运方程方面的工作，使读者对核裂变反应堆动力学的物理基础认识更加深入，对于将来可能出现的裂变—聚变综合反应装置的动力学研究也不无裨益。

二、理论体系严密，物理图像清晰

本书涉及的专业范围广，收集的材料来自不同文献，但经过作者加工整理后，在理论体系上得到了统一，前后照应，层次分明，结构严谨，系统性强。在数学表达过程中，清楚地说明了物理图像，在讲述数学处理和计算方法时，仍是紧紧扣住了物理概念，避免了有些外国著作公式成堆，物理意义不明的毛病。

三、注意方法，便于实际应用

作者注意物理理论联系工程实际。在理论分析的同时，对数值计算方法也加以简明的阐述。书中的某些章节还附有手册性质的数据表和曲线图，便于参考使用。

过去我国出版的堆物理方面的书多为译著，本国著作很少。很多从事或从事过堆物理方面工作的专家学者看了本书后都认为，本书从理论水平和实用价值来看，可算是国内难得的一本好书。

科技新书

钱三强撰文推荐《核反应堆动力学基础》，刊载于1985年3月29日的《光明日报》

后来，每当有人称赞黄祖洽是两弹功臣时，他总是谦虚地说："搞原子能、搞核武器都跟机遇有关，那是时代的需要，国家的需要。作为学理论物理的人，理所当然要参与进去。"

2.6　临界安全规程

核临界安全是原子能事业中至关重要的问题之一。1999 年 9 月，日本东海村一家核燃料制备厂曾发生过一起核临界事故，导致 2 名员工身亡，数百人受到超剂量核辐射。其中一位员工因所受辐射剂量巨大，全身皮肤溃烂，在医院忍受了 83 天非人的折磨后，才因器官衰竭去世。其实只要牵涉到生产、处理、加工、装配或储存浓缩铀或钚之类的易裂变物质，就有在不经意间发生超临界安全事故的可能性。因此在有关工厂、车间、实验室、仓库或装置的设计、运行、操作和管理中都必须注意事先防范超临界安全事故的出现。

探索氢弹原理过程中，黄祖洽还参与了二机部一个三线核工厂临界安全规程的研究和制定。

上世纪六十年代我国第一批核燃料工厂投产运行前，临界安全成为十分重要的问题。1958 年苏联援建时期，苏联派专家帮助建立核工厂、核反应堆、核处理厂等设施。1961 年苏联专家全部撤走后，核燃料工厂才建了一半，关键性的资料也被带走了，留下“半生不熟”的局面。艰巨的建设任务就落在了我们自己的科学家和工程技术人员身上。其中临界安全是需要解决的大问题之一，一旦搞不好就会发生重大事故。

二机部刘杰部长极其重视临界安全问题，亲自抓这件事，钱三强副部长具体抓临界安全工作的安排和落实，把任务交给了原子能研究所，要求万无一失。原子能所集中了最强的堆物理方面的力量，成立了临界安全小组。钱三强思考之后，认为彭桓武和黄祖洽的专业是最适宜抓临界安全问题的，于是彭恒武任组长，黄祖洽为副组长，带领反应堆物理实验室的一批青年科技骨干，着手解决临界安全问题。后来彭桓武成了顾问，黄祖洽成为正组长。

工作是困难的，苏联专家走后留下的资料很少，从国外文献获得的资料也不多，特别是结合工程实际的数据几乎没有。当时也没有做临界实验的条件，为了满足快速评估临界安全性能的迫切需求，只能充分利用现有条件夜以继日地拼命干。就在这样的条件下，彭桓武和黄祖洽带领科研人员们做出了成果。1965 年黄祖洽撰写了题为《铀水系统安全质量的简易估算法》的论文。在这篇开创性的文章中，他提出了一种创新的估算技术，用以确定铀水系统（以及铀与其它含氢介质形成的均匀混合系统）的“安全质量”——即确保系统不会引发临界安全事件所需的铀-235最小质量。这种方法以其简洁性与实用性，为核安全领域的研究与实践提供了一个高效的工具，确保了核反应系统设计

1965 年的报国寺

的安全性与可靠性。

1966 年 4 月，黄祖洽率领副组长阮可强及施贵勤等，前往四川峨眉山的报国寺，去研究一个原来由苏联援建的二机部核燃料工厂在建设过程中遇到的临界安全难题，审查其初步设计。

报国寺二层客房

伏虎寺入口

当时设计院已搬到峨眉山的伏虎寺工作，临界安全小组住在山下的报国寺，从报国寺上山到伏虎寺，黄祖洽每天都要沿着陡峭的山路，单程就要走半个小时。在峨眉山的日日夜夜，黄祖洽和团队成员们聆听工程师们对工厂原有设计情况的详细介绍，这个过程就花了半个月的时间。他们对每一个细节都保持着高度专注，遇到疑问便立即记录，之后又投入了半个月的时间进行研究和计算。这一切努力最终凝结成了一系列预防临界安全事故的重要环节和处理方法。这一个月里，黄祖洽和同事们每天清晨上山、晚上下山，对工厂的每一个工艺单元、每一台设备都进行了细致的临界安全检查。正值五、六月份的峨眉山天气凉爽，大家虽然日夜连轴转地工作，但配合默契、相处愉快。偶有闲暇，黄祖洽就去报国寺的档案室翻看古籍，回去把精彩的地方志和古诗词讲给科研人员们听。其中一首诗，时任副组长的阮可强院士至今记忆犹新：

峨眉山西雪千里，北望成都如井底；春风日日吹不消，六月行人冻如蚁。

黄祖洽提出的这一系列确保临界安全的措施和相应操作规程，被整理成“临界安全规程”，并由二机部正式形成文件、付诸实践。这一规程在黄祖洽先前的论文《铀水系统安全质量的简易估算法》里得到了集中体现：这是一种基于实验数据和最佳 N_H/N_S 比值的简易方法，以估算铀水系统（或铀与其他含氢介质的均匀混合系统）的“安全质量”，确保系统不发生临界安全事故所需的铀-235质量。该估算方法采用了反应堆理论的单群模型，并利用带全水反射层的球形铀水系统的最小临界质量和 N_H/N_S 的已知数据，以消除理论中临界条件的误差。临界安全规程对于核工厂的安全来说至关重要，黄祖洽无疑做出了重要的贡献，此番峨眉山一行成功修补了苏联专家的设计不足，并指导了重新建厂。

黄祖洽 1966 年摄于四川

临界安全研究也薪火相传。2004 年中核集团成立核临界安全中心，2010 年设立核临界安全技术中心（重点实验室）。这里是国内少有的能够从事实验反应堆物理研究的单位，也是我国唯一可以开展核临界安全实验研究的基地。它们的前身，正是当年黄祖洽参与领导的临界安全技术小组。

2.7　挑战难题：核潜艇动力堆

在核物理研究和探索的历程中，黄祖洽始终勇于挑战困难，问题越复杂，就越有兴趣，迎难而上。

1958 年 8 月，二机部刘杰部长向原子能研究所下达了研制核潜艇动力堆的任务。这是一项综合性很强的工程技术。战舰是有作战需要的，对潜艇堆就提出了一系列特殊的要求：需要体积小、重量轻、有高度的灵活性，耐冲击、耐摇摆、能随时启动或停止，尤其要具有高度的安全性。在彭桓武组长的领导下，黄祖洽带领四七组的科研人员，着手进行了核潜艇反应堆的理论设计和计算，接下了这项极具挑战性的任务。

在当时，只有美国和苏联掌握了核潜艇技术，并且对此严格保密。黄祖洽等人只能依靠极为有限的公开资料开展研究工作。面对年轻而经验不足的科研队伍，黄祖洽亲自讲课，举办学术活动，培养年轻科研人员，共同攻克难题，最终得出了有关核潜艇用压水型反应堆的初步理论设计的计算结果。

同年 10 月至 12 月，黄祖洽作为“国防科技代表团”的一员，第四次前往苏联，寻求技术合作。他作为专业工作人员（对外称顾问），协助提供我方有关核潜艇用压水型反应堆的初步理论设计的计算结果，供刘杰部长和苏方谈判时参考。这是一次惊险而困难的行程。代表团原定乘 10 月 17 日的苏联航班飞往莫斯科，因团长海军政委苏振华工作安排，临时改为下周的航班。这意外的改签救了全团的命，原定的苏航图 –104 航班在莫斯科远郊坠毁爆炸，中国文化部副部长郑振铎等 80 余名中外旅客全部遇难。

10 月 24 日，中国代表团飞抵莫斯科，很快发现苏方在本次接触中并不积极，诸多合作的谈判过程充满了推诿和拒绝；虽然就许多一般性的工业项目达成了一些协议，但关键环节就尽量推托或拒绝。在 1957 年 10 月 15 日签署的《关于生产新式武器和军事技术装备以及在中国建立综合性原子能工业的协定》中，苏方原定于 1958 年给中国提供一套原子弹教学模型和一颗原子弹样品，但此时却百般推诿、一次次用“中方仓库未建好”、“中方的保密条件不理想”等各种借口不按期交货。代表团很快察觉到，苏联缺乏铀矿资源，他们真正感兴趣的是中国的铀矿资源和核燃料生产，但对原子能的尖端技术拒不兑现。

这一时期的中苏关系已经出现裂痕。代表团向苏方提出的核潜艇援助问题，仅仅收到了对方代表波哥丹诺夫的回答——“对不起！关于核潜艇问题我无可奉告。因为它不在谈判的范围内。”刘杰部长几次出面谈判，也没能得到预期的结果。

不过，此行并非一无所获。对于代表团专家们提出的问题，还是收到了苏联专家的回答。并且，通过参观“原子破冰船”，在船用动力堆方面获得了很多知识。在五十年代，除核潜艇外拥有核动力船的，一个是德国的核动力商船，另一个就是苏联的破冰船。当时我方提出参观后，知道苏方对中方并不放心，于是苏振华团长在上面跟苏方的人聊天，把时间拖得很长，好让下面船里的专家们多看一看，令大家得到了收获和启发。

回国后，黄祖洽继续在原子能研究所进行反应堆理论研究。尽管后来由于国家计划的调整，核潜艇动力堆工程放缓，研究团队也分离出去，但黄祖洽已带领团队取得了初步的理论设计和计算结果，为后续的研究打下了坚实的基础。

1995 年 10 月黄祖洽夫妇与彭桓武、何泽慧等人在青岛参观核潜艇后合影

2.8 “组织一批人，先走一步”

时间回溯到 1950 年，26 岁的黄祖洽还是一个身量精干、质朴低调的年轻人。刚刚研究生毕业的他从清华园走进了新中国第一个核科学技术研究基地——中科院近代物理研究所，成为首批被分配到这里的研究生之一，由此开启了非凡的科研生涯。

黄祖洽 1950 年 2 月摄于清华

近代物理研究所里分工明细，每个室下设研究组，每个组里都有一些大学生，黄祖洽最初是在理论室工作。随着时间的流逝，黄祖洽扎实的专业知识和勤奋的工作态度展露无遗。三年后，黄祖洽接到了钱三强部署的一项新的重要任务，他放弃了原先的研究方向，于 1953 年初开始投入核反应堆理论研究。

凭借黄祖洽那股不屈不挠的执拗和勇于创新的闯劲，我国在反应堆理论领域的研究平地起步，迅速提升。朱光亚评价黄祖洽为“我国核反应堆理论的奠基者、开拓者之一”，可以说是恰如其分，毫不夸张。1960 年，在民主德国德累斯顿国际反应堆会议上，黄祖洽作了我国第一个重水反应堆理论工作的报告。并且，为了培养后继的研究者和工作团队，黄祖洽和彭桓武手把手地教出了十来个应届生，毫无保留地将具体计算方法、科研工作方法传授给他们，带出了我国第一代核反应堆理论研究队伍。

进入六十年代，国家加大了对核武器的研发力度。1960年底，钱三强再次找到黄祖洽，对他说道："你是不是组织一批人，先走一步，探索氢弹的原理？"为了国家需要，黄祖洽再一次"转身"——从反应堆研究转向核武器研究，加入到"两弹一星"的研究队伍里，被任命为"轻核反应装置理论探索组"（简称"轻核理论组"）组长，首先开展氢弹的理论预研。不久，苏联回来的老同学何祚庥和一直做核理论研究的于敏也都参加到这个小组中。钱三强当时具体负责主管轻核理论组的工作，黄祖洽、于敏每隔两三周向他汇报一次工作进展，解决了不少具体却关键的问题，例如需要增加计算机机时、需要增添磁带等。黄祖洽和于敏也领导有方，按照专业与特长不同，把轻核理论组细分成几个研究小组，每人分管各个小组的工作。当时正值三年困难时期，但是黄祖洽回想起当时的情景，"都风华正茂，意气风发，大家夜以继日地从各个角度分别探索着、思考着，又不时在一起讨论着突破氢弹的途径"。

为了加强原子弹和氢弹预研工作的联系，黄祖洽又接受安排，分出一半时间在核武器研究所兼职，成了唯一同时参加氢弹和原子弹研究的工作人员。在随后的将近十年间，黄祖洽先是每日不断往返于北京内城的核武器研究所和房山郊区的原子能所之间；后又前往青海的核武器试验基地，在严酷的环境下攻坚克难。他同邓稼先、郭永怀、于敏等一大批科学家及来自全国各地的科学骨干，隐姓埋名、夜以继日、废寝忘食地将青春与热血献给了祖国的核武事业。到 1969 年，“两弹”试验都已取得圆满成功，黄祖洽在领导完成一种新型号氢弹的设计后，被送往河南上蔡县的“五七干校”进行劳动锻炼。

在干校的日子里，劳动之余，黄祖洽仍不忘对过往的工作不断反思。他始终没有忘记，自己曾不断呼吁的——加强对在核反应堆和核武器研制中有重大意义的核数据的实验测量和理论计算工作。1973 年初，当黄祖洽结束干校生活回到北京，在二机部九院九所任副所长，他立即向第二机械工业部呈送报告，建议成立中国核数据中心。12 月，二机部召开核参数测量讨论会，决定建立我国比较完整的核数据系统，同时在原子能研究所（401 所）成立核数据机构。

1971 年黄祖洽在“五七干校”期间

1975 年，第二机械工业部正式组建了“第二机械工业部核数据中心”，由中心在国内开展核数据评价和建库，并组织协调全国有关大学和研究院所组成核数据协作网工作。黄祖洽自此一直担任着核数据中心的顾问。

这又是一次先行者的艰苦创业。当时，我国核数据工作基础薄弱，加之历经十年动乱，起步阶段的困难很大，黄祖洽为此倾注了大量心血。在他的倡导和支持下，从 20 世纪 70 年代末到 80 年代，核数据中心每两年召开一次会议，积极推动了学术思想和创新成果的交流。1978 年，十年动乱结束不久，广大科研人员都在急切寻找着新的科研课题，黄祖洽在第三届全国核物理大会上做了《核三体问题研究进展》的评述性报告，立即引发了广大学者的关注。随后他继续深入研究，又发表了《少体问题和相变》一文，从统计力学的角度探讨了相变现象及其中所涉及的少体问题；不少学者就是在此引领下，进一步在核少体理论方面深入开拓下去的。

后来的发展有力地证明了，黄祖洽作为“探路先锋”的高瞻远瞩。1984 年，中国正式加入国际原子能机构，同年国家科委、外交部和核工业部共同会签决定，核数据中心以“中国核数据中心”的名义对外进行交流和合作，执行国家核数据中心的职能。

1986 年 12 月第一届中国核数据中心委员会合影

（一排左 4 为黄祖洽、一排左 5 为于敏、一排右 3 为杜祥琬）

中心下设四个组：核数据评价组、核理论组、群常数制作和基准检验组（简称宏观组）、核数据库组。核数据评价组主要从事实验核数据的编撰和核数据评价工作。核理论组主要从事核数据计算有关的核反应理论研究和在上述理论工作基础上研制相关核反应理论程序。宏观组主要工作是将评价核数据库处理成群常数和对评价核数据库进行宏观基准检验。四十多年来，我国核数据工作取得了丰硕成果，已经成为国际上五大核数据中心之一。

“从 1950 年分配到近代物理研究所，直到 1980 年调离核武器研究所，我和原子能打了三十年的交道。”谈起从事核武研究的三十年岁月，黄祖洽显得淡然从容。然而这三十年的路并不平坦。钱三强当年对他说“组织一批人，先走一步，探索氢弹的原理”，这句话如同一颗火种，点燃了黄祖洽内心深处的开拓激情。他曾多次毅然转身，投入未知的领域，在祖国最需要的地方，以一名科学家的责任感和使命感，从平地起步，勇攀科技高峰。

马克思说：“科学研究没有平坦的道路，只有不畏艰难、勇于探索的人，才能到达光辉的顶点。”正是这种敢于“先走一步”的开拓精神，支撑着黄祖洽在三十年间不断突破难关、超越创新。

第三章　求实篇

物理学是一门以观测和实验为基础、讲求实证的科学。物理学精神中的认真、求实，深深影响了黄祖洽的世界观和方法论。他认为，物理学训练能够增加人们看待和处理事物时的理性成分，提高理性判断和创新思维的能力。这种精神，不仅对科研工作者有益，对任何行业的人士都具有重要的指导意义。黄祖洽的创新成就，正是经年累月踏踏实实、认认真真工作的结果。

黄祖洽始终强调勤奋与求实的重要性。一方面，天道酬勤，踏实肯干是科研成功的基石。另一方面，科学求真，他十分重视研究成果的真实性和可靠性。在《说莲实》一文中，黄先生写到：莲花高洁，得莲实淡泊、宁静、不忘济世的品质——这何尝不是黄祖洽一生的追求呢?

3.1　求知路上好读书

黄祖洽从小就喜欢读书。还不大认字的时候，他就喜欢翻看叔叔、哥哥们看过的《儿童画报》《儿童世界》《小朋友》等儿童读物，通过勉强认得的几个字对照着图画，将故事情节大致猜出来，觉得特别开心。在看图猜故事的过程中，有不懂的就去问母亲、哥哥，于是又能认识更多的字，读一些文字更多、篇幅更长的有趣故事。不知不觉中，黄祖洽就这样养成了主动找书看的习惯。

那时家里的藏书都被祖母锁在柜子里，不许孩子们打开，童年的黄祖洽就悄悄把锁撬开，发现里面竟满载着许多石印袖珍本的绣像绘图旧小说，如《薛仁贵征东》《薛丁山征西》《隋唐演义》《水浒传》《精忠岳传》《封神榜》《镜花缘》等白话小说，和《聊斋志异》《子不语》《草木春秋》等文言小说。黄祖洽对这一箱子的宝贝手不释卷，反复拿出来翻阅，潜移默化中了解了忠奸之辨、善恶之分，培养了崇尚正义、排斥邪恶的浩然之气。可惜的是，1938 年长沙大火，把家里所有藏书烧个精光。

1930 年黄祖洽进入长沙市立十三小学之后，读书更成为了黄祖洽自我排遣的精神寄托。家庭的经济困窘、父母的教育以及古典小说的熏陶，使黄祖洽从小就养成了独立自主、志气高远的性格。他总喜欢一个人拿着书，到田边、到房前屋后，看着湛蓝的天空、朵朵的白云，安静地在树荫下阅读和思考。课本的内容已经满足不了他的“书瘾”，每学期刚一拿到就很快看完了，他就满屋子找书看，连母亲放在抽屉里的“黄历”也能读出趣味、读出心得来。旧黄历上除了阴、阳历的对照，和每日的“宜”“忌”，还会在每个月前附一首小诗。黄祖洽读到阴历正月前的小诗——“岁朝宜黑四边天，大雪纷飞是早年；最好立春晴一日，农夫不用力耕田”，看到由黄、白、黑、赤等九个表示颜色的字组成的一个九方图，就开始琢磨这其中的含义，也会问大人这九方图、这些“宜”“忌”究竟是如何得来，有什么作用？大人们也说不清这些问题，但黄祖洽并没有停下阅读的脚步。他开始大量地阅读小说，特别是武侠小说中那些绿林好汉行侠仗义的故事，最能让他忘却现实生活的不愉快，沉醉在快意恩仇的故事中。但过度着迷于小说，也会影响到黄祖洽的学习成绩。二年级的时候，老师在教两位数加法之前要先考一考列算式。黄祖洽不会，就照着同桌抄。当时，学生们用石板和石笔写作业，错了就擦掉重写。老师检查时，把做错题的同学的石板都收上去了，这里也包括黄祖洽的。黄祖洽很困惑，照同桌的算式抄怎么会错呢。原来，同桌发现错误后及时擦掉更正了，而自己抄完错误的答案却没意识到。这给了黄祖洽很大触动，回家后他向父亲诉说了这件事。父亲没有批评他，而是耐心讲解了数学题的解法，并告诉他以后要自己理解题目，不再抄袭。黄祖洽从此告诫自己不能再成为反面教材，要独立思考，确保真正理解所学的知识；也通过父亲的教育，明白了沉迷小说的负面影响。

父亲黄迪庆决心以此事为契机挖掘黄祖洽的数理天赋，便向儿子推荐了刘薰宇[1]编写的《数学趣味》。黄祖洽果然从此爱上了数学，接下来又从家里的书柜上发现了上、下两卷的《数学游戏大观》和一套汤姆森的《科学大纲》，如饥似渴地读了起来。放暑假到乡下的外婆家去住，他也不忘随身带上从父亲书柜中挑出的一本小册子《幻方》和一本吴在渊[2]编写的《代数》。《幻方》是一种将若干个自然数纵横排列的正方形数字宫格游戏，看上去就像黄祖洽曾经好奇的老黄历上的九方图，却有所不同，它蕴含着有趣的数学知识。而《代数》这本书则帮助黄祖洽完成了代数启蒙，日后初中正式学习时就完全不陌生了。到了小学四年级，黄祖洽的算术成绩已经上升到了全班第一，对各种类型的四则杂题都能化繁为简地把算式列出来，将同学们茫无头绪的问题清晰地解出来，帮助大家将题意分析清楚，得到了老师的表扬，也进一步提升了自己的学习兴趣。特别是一名叫林康的算术启蒙老师，他的严格要求让黄祖洽养成了一丝不苟的运算态度。林老师要求学生：每写下一个公式，都要在旁边注明公式的含义；公式移项或移行的时候，必须连着前面的符号一起移。这两个要求影响了黄祖洽一生的数学学习方法，他养成了注意算式物理意义的习惯；

---

1 刘薰宇（1896–1967），贵州贵阳人，著名数学教育家。1928 年留学法国，1950 年曾任人民教育出版社副总编。他编著出版的“数学三书”是中小学生数学科普经典著作，长销不衰。

2 吴在渊（1884–1935），江苏武进人。数学教育家，主攻初等教育，倡导“学术自立”，编纂了大量数学教科书，如《新中学几何学》《新中学算术》等。

对未来的科研生涯，打下扎实的数理基础。

黄祖洽的学习越来越好，五年级时虽然转学到了湘潭第一高小，但到了新环境，他的成绩仍然名列前茅。在一次全校的算术和语文比赛上，黄祖洽拿了两个第一。学校发了铅笔、墨盒等文具和一个小茶壶，作为优秀学生的奖励。黄祖洽用衣裳兜着这些书包里装不下的“宝贝”往家走，高兴地对母亲张孝恂说道：“这都是我得的奖品！”母亲自豪地逢人就夸：“我们家三伢子，放学回来，兜了一兜子奖品回来呢。”

此时的黄祖洽早已不再是那个一心沉迷小说的懵懂孩童了，他已经养成了良好的阅读习惯，能够从书中充分地汲取知识。初中毕业后的黄祖洽利用暑假研读起了父亲念旧制中学时用过的、老一辈留法数学家何鲁[1]编写的代数课本，这是本篇幅不长，文言行文、内容颇为丰富的书。黄祖洽第一遍阅读时有许多地方不懂，就用铅笔在疑问处轻轻画上问号，第二遍从头仔细阅读时，一边读、一边用笔在草稿纸上自己推算，把原书省略了的过程补出；每搞清楚一处原来有问题的地方，就用橡皮擦去相应的铅笔问号。就这样，黄祖洽利用一个暑假，把这本书连看了六遍，把所有的问号都擦去了，也将全书内容融会贯通；并以这种反复阅读、反复推导的方法，为高中学习打下了扎实的自学基础。后来黄祖恰感慨地说：“我那时才 15 岁，读这本教科书，从自己演算、推导、证明的过程中培养了自学的兴趣，又锻炼了解决难题的能

1 何鲁（1894—1973），四川广安人。1911 年官费留学法国里昂大学，是第一个考取法国科学硕士的中国人。回国后先后在多所大学任教，致力于我国现代高等数学教育。

力，终身受益啊！”

除了数理知识外，黄祖洽仍然保持着广泛的阅读面。他自小熟读诗词，高中一年级读了《史记》《庄子》，高中二年级读《通鉴记事本末》。博览群书便能妙笔生花，黄祖洽的一位中学国文老师曾在他的作业本上写下这样的批语：“骈散一炉，文情俱胜，使季绳（黄祖洽的字）而专研文学，不难出人头地也，勉之望之。”

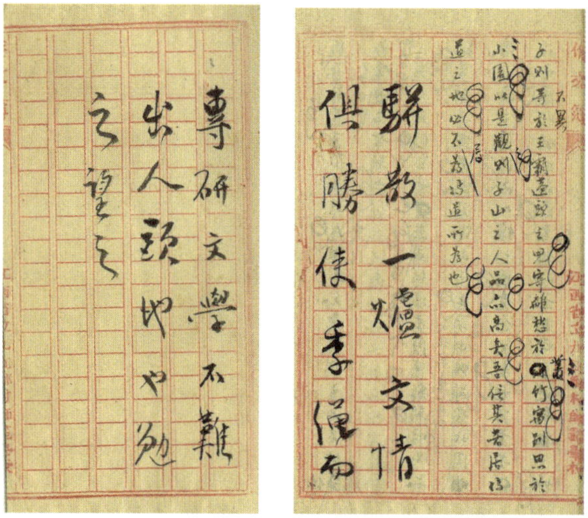

在黄祖洽中学作文上，老师的评语

文理兼修的黄祖洽最终没有走上文学创作之路，他成为了一位理论物理学家，为我国原子能事业做出了卓越贡献。1944年考进西南联大后，到2004年这六十年间，黄祖洽的主要精力全部放在了工作和科研上，一直到晚年才重新有了博览群书的空闲时间。他喜欢读金庸、古龙等作家的武侠小说，开始写杂文和散文，将多年来积累的学习经验和感悟写在《一本好书》《谈读书》《谈谈学习和思考》《对中小学科学教育的一些看法》等作品中。晚年想起自己曾经靠一本小册子喜欢上科学，黄祖洽觉得应该给孩子们写点东西，于是提笔写下了《探索原子核的奥秘》，于 1994 年 8 月出版，并收入“科学家谈物理”丛书。

黄祖洽所著科普读物《探索原子核的奥秘》

多读书，善读书，读书求知是黄祖洽一生的爱好和追求，这种对知识的渴望和对学习的热爱，塑造了他深厚的学术底蕴和广博的视野，让黄祖洽既能走在科学前沿，也能挥毫泼墨妙手著文。读书让他在科学家精进钻研的倔强秉性之外，也修得了恬淡文雅的文人气质，成就了一位学养深厚、文理兼修的科学巨匠。

认识物质结构 开发巨大能源

——读《探索原子核的奥秘》

孙汉城

我爱不释卷地一口气读完了由中国科学院院士黄祖洽教授撰写、湖南教育出版社出版的《探索原子核的奥秘》这一本引人入胜的科普读物。

黄先生以大手笔的笔法，从原子弹爆炸追溯到为什么太阳能够持续数十亿年不断地燃烧发光作为全书的开始，一直写到争取实现可控热核反应这一跨世纪工程和认识物质结构的更深层次这一长远目标。他生动地描绘了人类认识自然与征服自然的万里长征。

长征中有成功的经验，胜利的喜悦，也有失败的教训，“真理碰上了鼻子还没有被发现”和“后悔就差去捅破那层窗户纸”的遗憾。历史上有名的中子的发现过程与裂变的发现过程，都有一个迂回曲折的过程。书中阐述了本世纪30年代一些世界一流的实验室如何错过了这些发现的教训，以及另一些实验室终于成功地作出了这些划时代发现的经验，真是发人深思。

探索原子核的奥秘，离不开反映微观世界运动规律的量子力学。作者以深入浅出的语言阐明了这门深奥学问的物理基础以及一大批才华横溢的理论物理学家对此做出的贡献，也给人以深刻的启迪。

对于丰富多彩的核结构模型与核反应机理，作者以简洁的语言作了概括的叙述，使读者头脑中建立起一幅幅形象的图画。

人类认识世界的目的在于改革世界。本书的最后部分阐述了核弹的原理，核能应用的途径，特别是可控热核反应这一艰巨而诱人的前景。

认识过程并没有到此结束，新的，更艰巨的探索更深层次物质结构的任务又摆在人类面前。本书最后一句话“年轻人在推进对物质认识的探索中正大有可为哩！”说明了这一真理，也寄托了老一辈科学家对年轻人的厚望。

记得50多年前，当我还是一个初中学生的时候，各种新鲜事情都引起我的兴趣。我幻想过将来当个画家、书法家，也幻想过当个数学家，甚至想过当武术师，始终拿不定主意。是当时的一些物理学方面的科普书使我对相对论的质能互换有了皮毛的了解，特别是原子弹的爆炸使我叹服于如此巨大的能源，从此立志攻读物理学，特别是原子核物理学。在经过几十年实践，尝尽此中甘苦后读到黄先生此书，使我联想翩跹。但愿更多年轻人能从此书得到启发，为我国的原子能事业，为我国科学技术现代化作出比前人更加辉煌的贡献。

著名物理学家孙汉城撰文推荐《探索原子核的奥秘》

3.2 柳条的启示

有一件事情发生在黄祖洽很小的时候，它使黄祖洽终生都保持着一种对自然界一草一木的由衷爱好，一种对生命力的赞美和信任。

那是一年春天，黄祖洽的大哥因被怀疑有肺病，医生建议到乡下空气新鲜的地方住一段时间。黄祖洽的母亲便带着他们三兄弟在乡下临时租了两间茅草房，住了下来。房前有水田和池塘，水田里一大早就有农民在插秧，池塘边有几棵柳树和一些不知名

20 世纪 20 年代末黄祖洽的父母和两个哥哥

（左起：二哥、母、大哥、父、黄祖洽）

的灌木，遍地是青草和野花，空气清新凉爽，小鸟唧唧啾啾地在树枝间飞来飞去，显得环境十分幽静，确实是个养病的好地方。

有一天，黄祖洽听母亲说了一句“有意栽花花不发，无心插柳柳成荫”，就问她什么意思？母亲告诉黄祖洽，意思是花不好种，柳容易活。黄祖洽听了就想试试柳到底是不是容易插活，便在垂柳树上摘下一支光秃秃的绿柳条，插在池塘边的泥土里。每天早上一起来，就跑去看它有没有发出芽来，心里默默地祝告着：“求求你！一定要活起来呀！”过了两天，柳条还看不出什么变化，母亲却要回城一趟去料理家中一些事，还要带她最不放心留下的黄祖洽这小儿子一块儿走。黄祖洽却放心不下插在池塘边的那柳条，怕有人或畜生祸害它，便把它连同周围的泥土用手抠出来，把土团成一团，提着带有这团土的柳条，悄悄地走到茅草房旁边，找来找去，发现有一个曾经插过粗木桩的、一尺多深的空洞。便小心地把柳条放进洞里，什么人也没有告诉，就跟着母亲回城了。在城里待了几天后，又回到乡下，黄祖洽首先想到自己的“秘密”，赶紧跑到茅草屋旁去看藏在那洞里的柳条。

终其一生，黄祖洽都抱持对自然和生命的热爱和赞美

令黄祖洽大为惊喜的是，柳条上居然已经萌发出小小的叶芽，它活了！黄祖洽轻轻地把它拿出来，仍然连土块移栽到池塘旁边，让它在那儿更好地生长。眼看着自己亲手插下的柳条一天天长大，直到长成了一棵小树，真是兴奋又激动。黄祖洽不禁赞美柳条的生命力，大自然的伟大。

从此以后黄祖洽不管遇到什么困难，受到什么挫折，都会想起那柳条的生命力。它鼓励黄祖洽发挥自己的意志和潜力，从许多次挫折中重新振作起来，进而成就了坎坷而辉煌的一生。

3.3 总得要自己想一想

黄祖洽在晚年接受采访时，曾对人笑谈：“我从小就是这样的脾气，不太迷信现成的东西，总得要自己想一想。”

从求学时起，黄祖洽就常常为了把一件事情搞明白，积极和老师展开争论。

在初中的时候，黄祖洽就曾和他特别尊敬的教化学的蔡希欧老师争论过大气压力的问题。当时九江中学里有不少既受过传统文化熏陶、又吸收了近代科学教育的老师，蔡希欧正是在新思潮影响下在上海圣约翰大学和上海光华大学化学系（与著名化学家张青莲为同窗）深造过的。他于 1928 年 2 月起在九江中学高中部任教，很受学生们的欢迎。黄祖洽很喜欢化学课，对亲和朴实的蔡老师更是崇敬有加。有一次上课，蔡老师讲解大气压力的时候，做了一个经典的示范：在一个盛满水的玻璃杯上面盖上一块玻璃，倒过来之后，底下的玻璃不掉——这便是由于大气压力的关系。黄祖洽当时就和蔡老师争论到，这不光是因为大气压力。因为玻璃杯正放的时候，里面也有水，盖着的玻璃板上也多了大气压，底下亦有反作用，同时杯边承受着玻璃板——这个时候玻璃板能盖住。当倒过来的时候，底下的玻璃板有大气压，上头本来也有相等的反作用压力，现在又加上这玻璃板本身的重量；顺着的时候它是下降的，反过来时玻璃板的重量是往下的，既然掉不下来，不光是由于大气压的缘故——因为底下有大气压，上头也有大气压。顺着黄祖洽的疑问，蔡老师十分耐心地重复了讲解，后来又找了一个水盆和玻璃板，在教室做了整整三堂课的实验进行演示。这场争论最终没有得出一个明确的结果，黄祖洽也不好意思再和尊敬的蔡老师争论下去，但这个例子，他对别人举过很多次，一直没有忘记完成这场年少时的学术探讨。到了晚年，当好奇的采访者问起"为什么它没有掉下来呢？"，黄祖洽依然认真地思考着这个问题："我觉得跟水的表面张力、附着力这些有关系。你设想水杯里灌的不是水，是类似于水银这样的液体，它不浸润玻璃，你把它翻过来的时候玻璃肯定会掉下来。这不仅是因为水银重，而是具有不浸润的这种特性，比如你拿一块荷叶盖在水杯上头，水不能浸润荷叶，你翻过来，荷叶肯定会掉下去。"

在求知的路上，黄祖洽始终坚持自我思考并亲自实践。他很喜欢对自然及物理化学方面的现象提出疑问，然后自己去想办法解决——或是苦思冥想，或是去图书馆查找相关资料；对于老师新教的知识，也坚持边学习边思考。学习化学反应方程式的时候，他并不喜欢死记硬背的方式；在学校图书室探索的时候，终于发现一本从日文翻译过来的《化学解法》，这一读才知道各类化学反应的进行其实是有规律可循的。只要掌握这些规律，区别不同反应类型，记好基础知识，就很容易判断反应进行的方式和方向，从而写出方程式。这充分证明了，只有真正理解透彻了，才能够更好地记忆和掌握知识。

黄祖洽 1948 年清华大学毕业照

黄祖洽学习物理的时候也是如此。当时在九江中学，有位叫熊怡的物理老师，后来被黄祖洽认为是将自己带入物理学知识海洋的启蒙老师：他不仅对待学生和蔼可亲，更是喜欢通过和学生问答的方式来传授知识。一次讲到透镜成像原理的时候，老师提出了一些新的物理公式，黄祖洽立即询问这些公式如何得来，师生从课堂讨论到下课后的休息室。熊老师搬出他自己读大学时的物理书《达夫物理学》[1]给黄祖洽，让他自己去找答案。黄祖洽捧着书翻看了一下午，终于弄明白了公式的推导过程，也从此爱上了物理学。在熊老师的鼓励和引导下，黄祖洽通过这种自己思考获得答案的方式，学习日渐得心应手，逐渐开始能与老师一起讨论和研究一些物理问题了。这种“总要自己想一想”的科研作风在黄祖洽的求学之路上被不断发扬开来，大学的毕业论文题目也是这样“想”出来的。

当时在西南联大，著名物理学家叶企孙为物理系讲授物性论（Property of materials）。一次他在课上讲到，有一颗行星，它的磁场和质量的比例，与地球磁场和质量的比例很接近。那时正读大三的黄祖洽就开始思考，磁场和质量是不是有着某种内在的联系，于是跑去和叶先生讨论。叶企孙指了一个方向，说

1 《达夫物理学》，美国作者达夫著，1939 年由商务印书馆发行。

这可能和相对论有关系，介绍黄祖洽去看爱丁顿的《相对论的数学理论》（*Mathematics Theory of Relativity*）。黄祖洽立即去图书馆借来这本书，认认真真读了一个暑假，一直顺着这个思路研究了好一阵子。不过这个问题对于当时的他来说太过艰深，并没有把问题做通。然而求知的种子已经种下，早晚都会发芽生长。到了大四，叶企孙成为了黄祖洽的毕业论文导师，再次回到这个问题时，叶先生说可能跟地心的电流运动有关系；换了思路之后，黄祖洽凭着之前的积累继续深入研究，终于完成了一篇漂亮的论文。

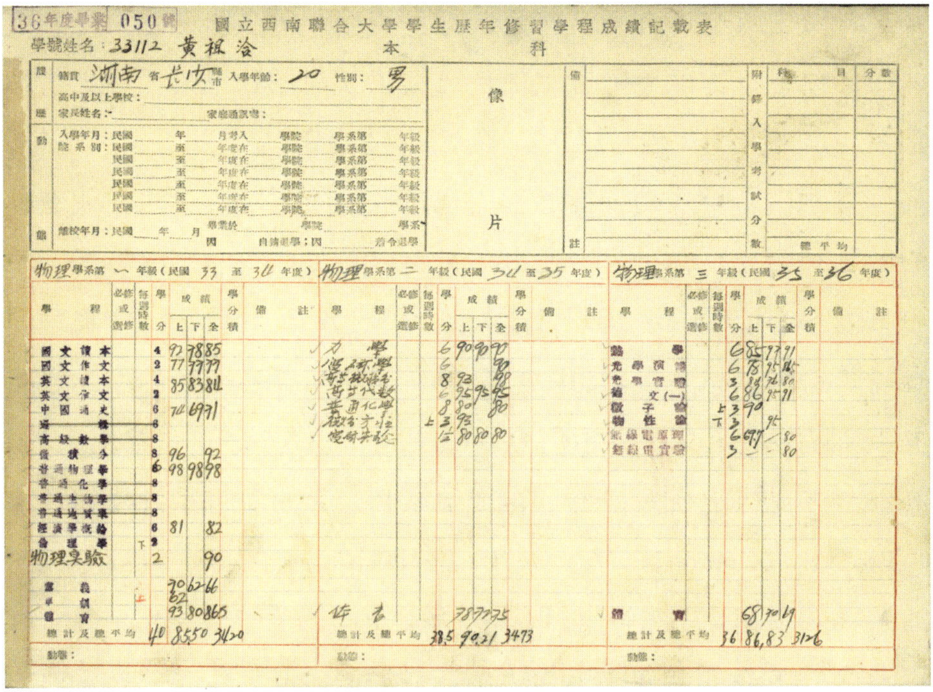

36年度畢業 050號

國立西南聯合大學學生歷年修習學程成績記載表

學號姓名：33112 黃祖洽　本科

籍貫：湖南省長沙縣市　入學年齡：20　性別：男

物理學系第一年級（民國33至34年度）

學程	學分	上	下	全
國文讀本	4	92	78	85
國文作文	2	77	77	77
英文讀本	4	85	83	84
英文作文	2			
中國通史	6	74	69	71
微積分	8	96		92
普通物理學	6	98	98	98
經濟學概論	6	81		82
倫理學	2			
物理實驗	2			90
黨義		70	62	66
軍訓		62		
體育		93	80	86.5
總計及總平均	40	85.50		34.20

物理學系第二年級（民國34至35年度）　總計及總平均 38.5　90.21　34.73

物理學系第三年級（民國35至36年度）　總計及總平均 36　86.83　31.26

黄祖洽大学时的成绩单

科学探索的道路并非总是平坦的，它充满了挑战和未知。正是黄祖洽这种“总要自己想一想”的求实精神，为他一生对科学的不懈追求奠定了基础。对问题总是感到好奇，对既定答案勇于提出自己的见解，并且能够通过实践和理论的深入探讨，寻求问题的解答——这份求实、求真、求新的科学态度，贯穿了黄祖洽全部的科研生涯。

3.4　认真两个字最重要

回顾一生学术成长的经历过程，黄祖洽认为，“认真两个字最重要”。

小学升初中时一次失败的教训给他上了人生的第一课。小学阶段的圆满结束，加之父亲的引导，让黄祖洽有信心冲击当时湖南省著名的岳云中学，但最终却错失了这次机会，而不得不暂时转入相较甚远的平大中学学习。但其中原因却并不是黄祖洽没有考好。在报考的几百人中，黄祖洽实际上是以优异的成绩通过了考试的。学校张榜公布后，他一看到榜上有自己的名字，就兴奋地回家告诉父母这个好消息，一心等着开学了；却并没有注意在榜下面还有一句话，就是通知面试的时间和地点。直到开学时间已到，迟迟没有收到入学通知的黄祖洽去学校查询，才知道自己早已错过了面试，从而与岳云中学失之交臂。后来黄祖洽历经波折从平大中学转出，这次深刻的教训，也深深地印刻在他的心中，告诫自己在以后的学习和工作中务必认真求实，不容许自己出现错误，每做完一道题，或完成一个计算，都要确保无误，做过的事都经得住考查。

在后来研制原子弹的过程中，黄祖洽一直在用这样的标准要求自己，不允许这项重要的工作中有任何错误。在他具体负责的计算推导工作中，为了保证每一步工作的100%正确，所有的草稿纸都保留在保密室里。正如他推导状态方程的过程中，每一步都必须非常严谨，保证最后的状态方程完美无缺。这样缜密的工作习惯，在中国第一颗原子弹预定爆炸前夜，发挥了巨大作用。

黄祖洽摄于1964年夏

1964年第一颗原子弹爆炸前夕，周恩来总理要求九院的专家们对原子弹爆炸成功的可能性进行最后一次测算。当时部分技术数据资料已送至试验基地，留京的周光召、黄祖洽、秦元勋凭借手稿和计算尺进行了核算，黄祖洽仅用了一个小时，就完成了数据核对。最终于次日上午将一份联合签名报告送到了周恩来总理的办公桌上，上面郑重地写道：经计算，中国第一颗原子弹爆炸成功的可能性超过99%；除了一些人为不可控制因素，原子弹的引爆不会出现任何问题。（详见协同篇：《中国原子弹成功的可能性有多大？》）

在晚年的教育事业中，黄祖洽也时刻不忘将认真求实的精神言传身教给学生们。在北京师范大学物理学系2015届毕业生马宇翰的回忆中，有这样一堂难忘的“大师课”。2011年9月，欧洲核子中心（European Organization for Nuclear Research，CERN）报道了中微子超光速实验，立即成为了学生中间沸沸扬扬的“大新闻”。当时大家正在上年近九旬的黄祖洽为大一学生开设的《现代物理前沿选讲》，就在课上讨论起该实验结果可能导致的一系列后果。黄祖洽鼓励同学们大胆猜想，并耐心地与大家一一讨论。但他同时表达了对实验结果的质疑："这个实验还有待进一步检验，我个人不太相信爱因斯坦错了"。

黄祖洽一直坚持给北师大的本科生授课

几个月后，CERN 宣布实验过程中出现了数据处理的疏漏，中微子超光速是一个乌龙事件。马宇翰注意到，黄祖洽在 2011 年 12 月就此发表了论文《超光速的中微子》[北京师范大学学报（自然科学版），2011，47（06）：548]。在这生前最后的一篇学术论文中，黄祖洽将当时课上的推论简要总结并完善，给学生们上了一堂生动的科学大师课，言传身教地引领学生们认真严谨地对待科学问题。每当马宇翰细细读来，当年课上的一幕幕就如同在眼前重现。

NEUTRINOS WITH FASTER-THAN-LIGHT SPEED!

HUANG Zuqia

(College of Nuclear Science and Technology, Beijing Normal University, 100875, Beijing, China)

超光速的中微子

黄祖洽

（北京师范大学核科学与技术学院，100875，北京）

Physicists reported recently[1] that neutrinos can travel faster than light, a finding if verified would have fundamental significance for the whole structure of physics. Here we mention a few conseqenses of this astonishing but suspicious finding.

Consequenses:

1) From Einstein's mass formula $m=\frac{m_0}{\sqrt{1-\beta^2}}$, we have $m_0=m\sqrt{1-\beta^2}$ where $\beta=\frac{v}{c}$.

Now if $v>c$ was proved eventually by experiment, we would have $\beta>1$ and $m_0=im\sqrt{\beta^2-1}$ would be imaginary.

Actually, so far there was no convincing measuring result for the rest mass of any neutrino, and It seems that an imaginary value of m_0 cannot be excluded a priori.

2) The gravity force between two neutrinos 1 and 2 at a distance r would be repulsive due to their imaginary rest masses: $-G\frac{m_{01}m_{02}}{r^2}=+G\frac{m_1 m_2\sqrt{\beta^2-1}}{r^2}>0$.

3) The accelerate expanding speed of the universe might be due to the repulsive gravity force between neutrinos of enormous quantity.

4) The so-called "dark energy" might be only the effect of the imaginary rest mass of neutrinos.

5) If all neutrinos would have the same imaginary rest mass, then only neutrinos with faster-than-light speed (and consequently each with a real dynamic mass) would be observable.

Reference

[1] OPERA Collaboration, T Adama, N Agafonovab, A Aleksandrovc, et al. Measurement of the neutrino velocity with the OPERA detector in the CNGS beam[EB/OL]. (2011-11-17). http://arxiv.org/abs/1109.4897

黄祖洽发表的论文《超光速中的中微子》

每当人们一次次赞叹黄祖洽一生的成就，他仍然愿意将一切归结于“认真”二字。黄祖洽谦虚地说：“我不承认我是一个很成功的人，或者有什么了不起的东西。这一生走过来八十多岁了，如果让我劝导小孩的话，我总（说）是认真做事吧——认认真真做事，老老实实做人。”

3.5 一封十二个字的来信

刘寄星，理论物理学家，曾担任中国科学院理论物理研究所副所长，长期从事等离子体理论和生物膜形状的液晶模型理论研究。1980 年 8 月刘寄星赴美国得克萨斯大学留学，通过三学期的努力，学完了所有的必修课。1985 年 8 月，刘寄星获得得克萨斯大学博士学位，计划在得克萨斯大学聚变研究所再做两年博士后。1986 年 3 月，刘寄星接到时任中国科学院理论物理研究所副所长郝柏林院士的来信，希望他能尽快回国工作。他随即向聚变所提出辞职，于 5 月 29 日离美回国。

1985—1986 年刘寄星在得克萨斯大学研究所做博士后研究时的工作证

而早在1964年，刘寄星从北京大学物理系毕业后，就成为黄祖洽在原子能研究所的研究生，和刘寄星同时考取的还有中国科技大学近代物理系毕业的何汉新同学。1965年10月下放劳动锻炼回来，他们才第一次见到黄祖洽。那时刘寄星生病住院，黄祖洽看他，给他开了一个书单，上面列了三本书：Longmire写的*Elementary Plasma Physics*，Landau和Lifshitz写的《连续介质电动力学》和Wolfgang K.H.Panofsky及Melba Phillips写的*Classical electricity and magnetism*。黄祖洽还鼓励刘寄星，说："生病没有什么了不起，我大学毕业后叫汽车撞了，昏迷了好几天，现在不还是好好的。"

由于黄祖洽当时已调到核武器研究所，单独指导他们已经不方便，于是和彭桓武商量决定，把刘寄星、何汉新及彭桓武的研究生张锡珍三个人当成他们两个人的研究生，研究方向是等离子体理论，由他们共同指导，每一个月来原子能所一趟，听他们做读书报告。彭桓武和黄祖洽都很谦虚，说："我们也不懂等离子体物理，你们先学，再教给我们，大家一起学习。"黄祖洽给刘寄星提出的具体研究题目是《高速飞行体在稀薄等离子体中产生的物理效应》，让他自己读文献。期间发生的一件事令刘寄星对黄祖洽钦佩不已。事情是在黄祖洽来指导的一次报告会上，刘寄星报告阅读Kenneth Watson发表在*Physics of fluids*上的一篇文章的体会，讲到半截，黄祖洽打断了刘寄星，说刘寄星通通错了，刘寄星坚持自己是对的，结果相持不下。最后黄祖洽说："你把那篇文章的坐标给我，我自己读一下再和你讨论。"刘寄星把文章的卷期页写给他，他就回九所了。黄祖洽走后，刘寄星想起下放劳动时何祚庥曾告诫过他的话，“你的老师脾气很大，你一定不要给他随便提意见，否则他不会好好教你”，心里感到有点不安。不想过了一个星期，原子能所二道门的收发室交给刘寄星一封信，说是一位老先生留下的。打开一看，是黄祖洽写来的，信的内容是十二个字：“刘寄星：你对了，我错了。黄祖洽”。此事令刘寄星感动一生，黄祖洽的科学求实精神，就在这十二字中。

以后文化大革命爆发，研究生制度取消，黄祖洽和彭桓武就没有再来指导他们三个人了。不过黄祖洽交给刘寄星的题目，他一直做了十几年，原来那个问题是反导系统目标识别的一个重要理论问题，这是刘寄星后来分到七机部二院时才知道的。他非常感谢黄祖洽先生和彭桓武先生，认为他们总是为国家国防建设预先谋划，把最关键的问题想在前头。

黄祖洽献身国防，为国家战略武器的研制立下不朽功勋，令人敬佩。他指导后辈，严格体贴，治学严谨，高瞻远瞩，实为大家楷模。

2007 年黄祖洽与刘寄星摄于北京植物园

第四章　奉献篇

“殚思求火种，深情寄木铎”，黄祖洽用这两句诗概括自己为核科学和教育事业奉献的一生。终其一生，黄祖洽都保持着对教育事业的执着，对科学研究的专注和对祖国的忠诚。他将全部的青春、才华、热血、激情，都毫无保留地奉献给了祖国和人民。

4.1　一次意外的车祸

1950 年 7 月下旬，黄祖洽从清华大学研究生毕业，被分配到同年成立的中国科学院近代物理研究所的理论室工作，从此开始了在反应堆、核武器等方面三十余年的理论研究。

进入理论室后，时任中科院物理研究所副所长兼理论研究室主任彭桓武交给他的第一个任务，是研究如何用忽鲁登变分法计算低能区质子和质子的散射。这个问题的研究需要尖端的实验，当时的研究所虽集中了国内最先进的设备和人员，但还不具备完整的实验条件，黄祖洽就找了许多国外已经发表的研究数据，借此先展开一些理论上的计算。

就在黄祖洽全心投入工作的时候，竟发生了一场意外。1950 年 8 月 27 日是一个星期天，从清华分配来近代物理所的几个同学约黄祖洽一起回清华园玩，大家准备骑车来回。黄祖洽从理论室的同事叶龙那里借了一辆自行车，和大家一起骑到了清华园，在那里聊着各自近况，高高兴兴地度过了半天，下午准备骑车回去休息了。大家从清华西门出来，经北大西门一路向南骑，就在通过海淀西街的时候，黄祖洽被后面突然驶来的清华校车撞倒在地，并且失去了意识。

黄祖洽（右）车祸后在文津街休养期间与其兄黄祖干（左）合影

校车上坐着许多认识黄祖洽的老师和同学，大家立即将他送到当时位于北京阜成门白塔寺附近的中央人民医院。黄祖洽被诊断为轻微脑震荡，却仍然昏迷不醒，于是被送到脑科系住院治疗。起初由研究所里的同事们轮流照顾，后来考虑到大家的研究任务都很重，研究所便请了一名护工，专门负责照料工作。

昏迷两周后的一天，黄祖洽突然像从梦中醒来一般恢复了知觉：他梦见自己骑着自行车在雷雨中走，梦中隆隆作响的雷声将他“震”醒了，醒来之后便发现自己躺在病床上，旁边的椅子上坐着护工，而梦中的雷声实际上是窗外建筑工人砸石头的响声。护工连忙通知了医生护士，经过了仔细的检查，黄祖洽又继续卧床休息了一阵。等休养到可以自己慢慢行走，黄祖洽便转到位于文津街 3 号的中国科学院院部，在一个用作招待室的房间里进行疗养。在这段出院休养的日子里，黄祖洽认识了辅仁大学毕业、学化学的张蕴珍女士，逐渐互生好感、成为恋人，有了这段因祸得福的姻缘。经过半年多的休养和顽强主动的锻炼，黄祖洽的身体基本康复，在他的主动要求下，终于在 1951 年初回到了日夜想念的近代物理所，同事们都为他重返工作岗位而高兴。

在黄祖洽养伤期间，物理所迅速发展，人才济济，出现了许多新变化。1950 年底，吴有训调任中科院副院长，钱三强接任近代物理所所长，王淦昌和彭桓武任副所长，并且调来了许多专家和人才：著名核物理学家赵忠尧从美国带回大量核物理器材，成立了静电加速器小组；同时于敏也从北大调来，加入到理论组之中。

1950 年冬黄祖洽摄于北京图书馆

黄祖洽也没有停下他不断向前的脚步。在休养期间，他不仅努力自学俄语、复习数学和物理，更不忘彭先生交给的任务，常常思考如何用忽鲁登变分法计算低能区质子 - 质子散射的相移。但在奋力攻坚的同时，担忧和质疑也不断传来。医生曾说车祸严重伤害到了大脑，那么黄祖洽究竟还能不能继续从事高度用脑的理论物理研究？不仅周围有这样的猜测，黄祖洽在得知自己曾昏迷了那么久没有意识的时候，心里也很后怕——若是真的就此一觉不醒，多年的知识积累便毫无意义了。车祸让他更加珍惜有限的生命和科研的时光，骨子里那股韧劲又涌上心头，他要证明自己依然可以在理论物理方面做出成绩，于是比以前更有干劲了。黄祖洽很快投入到之前的工作中，继续在彭桓武先生的指导下用忽鲁登变分法计算低能区质子和质子散射的相移，并于 1951 年 5 月完成，研究成果发表在二人合写的《应用忽鲁登变分法决定核子与核子散射的周相》（载《中国物理学报》，1951 年第 2 期）。此时，距离黄祖洽来物理所报到还不满一年，他用实际工作证明了，自己依然可以在研究岗位上有所建树。

但是，车祸的后遗症并不会轻易完全消除，大脑皮层受过伤后，黄祖洽偶尔会有癫病发作的情况。黄祖洽记忆中的第一次发作是在 1951 年盛夏的一天，他作为北京市青年代表在辅仁大学听报告，户外的场地烈日炎炎，让人有些头晕。午休时，钱三强何泽慧夫妇请黄祖洽到离会场不远的家中休息，他便在沙发上睡了一觉。醒来之后他才知道在睡梦中犯了癫痫，是何泽慧先生用一只汤匙放在他的口中，才避免了因抽搐而咬伤了舌头。

1951 年 8 月，黄祖洽作为中科院成立后首批派遣出国的留学生，第一次前往苏联学习。在此期间，他的癫痫病又发作了几次。1952 年在苏联科学院“学者之家”的一天，黄祖洽再一次于苏醒后惊讶地发现自己不知何时已躺在床上，待医生拿来阿莫尼阿和其他药片、告诉他方才晕倒的状况，才知道自己的癫痫病又一次发作了。这样的情况后来在不同场合又出现过几次，黄祖洽知道这不仅仅是因为车祸留下的脑震荡后遗症，也和平日的生活不规律不无关系。位于莫斯科高尔基大街上的“学者之家”，是苏联科学院给外来学者的一处类似于旅馆的住宅，苏联本国的一些研究生和外国留学生都会住在里面。为了加强中苏同事间的学术交流，黄祖洽及同行的中国同事被分散安排跟苏联同事住在一起。但苏联同学习惯晚上聚在一起喝酒、打牌，经常要很晚才睡，一直按时作息的黄祖洽不太适应夜间的娱乐活动，常常睡不好，精神大不如从前。

上世纪 50 年代访苏时期

后来，苏联大使馆了解到了黄祖洽的身体状况，决定让他提前回国休养。1952 年 8 月，在苏联学习和生活了一年的黄祖洽，回到近代物理研究所工作，由于身体原因执行半时工作、半时休养。但黄祖洽并没有闲下来，他趁着休养时段，翻译了伊凡年科和索科洛夫编写的斯大林奖获奖著作《经典场论》，于 1958 年在科学出版社出版，为从事数理物理学习研究的人提供了一本很好的参考书。

黄祖洽的坚持和努力，最终得到了回报。随着身体状况的逐渐好转，他重新回到了科研工作的第一线。虽然那次意外的车祸给黄祖洽的身心带来了巨大的挑战，但他对科学的热忱和奉献却从未因此而减退；反而更让他明白生命和时间都是宝贵的，要将每一刻都投入到对科学的追求和奉献中。

黄祖洽晚年时，当医生看到他的脑部 CT 片时，指着片子上因当年车祸留下的斑斑血管堵塞，对时任黄祖洽科研助理的桑海波说："这个人不能自理了吧？"桑海波回答道："不能自理？不，他讲课、他研究、他带学生。对许多人望而生畏的那些高深理论，他的反应常常比年轻人还快！"黄先生用他一生的奉献创造了生命的奇迹，这个医学都难以解释的了不起的大脑，为祖国高速运转了 90 年。

黄祖洽晚年仍孜孜不倦于教学与科研

4.2　上紧了发条的“半导体”

在为两弹研究做出突出贡献的科研人员中，黄祖洽是唯一一个早期同时参与氢弹和原子弹理论研究与设计工作的科学家。1959年下半年起，黄祖洽在原子能所钱三强所长的建议下，开始转向原子弹研究，为此一直往返于位于北京市南部郊区房山区坨里的原子能所，和北边花园路地区的九所之间。按保密要求，他须把原子能所的工作提供给核武器研究所，以促进他们的工作；但核武器研究所的工作，却绝不能对原子能所有半点透露。于是大家开玩笑说，要黄祖洽作个“半导体”。

黄祖洽摄于20世纪60年代

1960年12月，黄祖洽被任命为原子能研究所轻核理论组组长，首先开展氢弹的理论预研。为了加强原子弹和氢弹预研工作的联系，1961年年底起，黄祖洽受命兼顾双重重任：一方面投身于核武器研究所（二机部九所），负责构建原子弹研制中不可或缺的“状态方程”，探索中子源部件结构的设计，另一方面，他持续参与氢弹的预先研究工作，同时确保两边工作齐头并进。1964 年 2 月，二机部九所机构撤销，改为二机部九院，黄祖洽于次年与“轻核理论”小组一起被调至核工业部九院，并担任理论部副主任（后理论部改为研究所的建制，改称副所长），参与氢弹的理论突破，并领导一些型号氢弹的理论设计。

作为“半导体”的黄祖洽，此时的作用更为关键了。既要从事原子弹的研究工作，同时又要从事氢弹的研究工作，任务十分繁重，劳累程度可想而知。与此同时，在国家战略核武器研制最为紧张的时期，黄祖洽还在中国科技大学近代物理系兼职，亲自指导学生做毕业论文；由于平时找不到时间为他们授课，就只好在星期天请学生们到他家里来讨论。黄祖洽像上紧了发条的机器，坐着公交车从家中和两个工作地之间“三头跑”。在过度劳累和高度紧张的情况下，黄祖洽得了腰痛、胃溃疡和高血压等疾病；但一想到有利于核武器研制工作的加速进展，他便没有丝毫懈怠，总想多做一些工作，精神上更为充实愉快。就在乘公交车往返三地间这样特别的思考环境中，黄祖洽竟能迸发出很多灵感，再加上严谨的计算，许多难题得以解决。

在原子弹设计理论研究中，有许多重要的环节，其中之一，就是提供中子源的金属如何确定。那时，九院理论部有很好的学术民主氛围，每周都由彭桓武主持一次副部主任会议，大家常在会上就苏联专家讲课后一些难以解决的问题畅所欲言，许多好的方案就是经过这样的讨论而形成的。彭桓武经常提起，原子弹中心中子点火器的外壳到底用的是什么金属？苏联专家虽然曾经提供过一个原子弹的教学模型，但这样的关键环节是略去不提的。

当初考虑中子源有两个方案，一个是外中子－外源方案：在外面用一个中子管提供中子；另一个是内源方案：在金属球中心放另一个小球，小球中放的是氘化铀，由金属壳包着。这个金属是什么，苏方的资料中也没有说明。1960 年苏联专家撤走后更是无从问起，大家几经讨论都没有结果。

黄祖洽（左）、周光召（右）在中国科学院理论物理研究所与彭桓武铜像合影

黄祖洽就把问题装在脑子里不停地琢磨，一次乘公共汽车的往返途中，他脑海中灵光一闪，尝试着推导出一个条件，断定这种中心中子点火器的金属外壳必定具有一种外面的能量能够最方便地穿透进去的性能，即这个金属应符合这个条件。而符合这个条件的，当然就是所需要的金属。黄祖洽又想起胡思得曾经介绍给他的一个计算冲击波能量的简单方法，利用这个方法，他一下车回去就赶紧计算，终于通过逆向思维找出了中

子源所需的金属。

后来，黄祖洽就在彭桓武主持的讨论会上把自己的想法提了出来，并详细讲解分析过程和计算方法，经过讨论得到了在场其他科学家的赞同，并最终得以采用。

这段最紧张又最激动人心令人难忘的日子里，黄祖洽开创性地完成了带中子的辐射流体力学方程组的推导和确立，研究了核武器数值模拟计算中必不可少的材料的状态方程及中子多群参数，研究了原子弹中点火中子源的设计和中子产额的问题，探索研究了加强型原子弹，分工领导了含热核材料的加强型核弹的理论设计工作，并亲自到核武器研制基地，向核武器的生产、实验部门交付理论方案。在探索氢弹原理过程中，他负责一条技术途径的试算工作，还参与了二机部一个三线核工厂临界安全规程的研究和制定。氢弹原理突破后，黄祖洽又参与领导了多种型号核试验装置（包括氢弹原理试验装置和第一颗空投氢弹核试验装置）和第一代核武器的理论研究设计工作，为加强我国的国防力量做出了贡献。此外，黄祖洽在热测试理论研究方面做了许多工作，为日后的核武器研究起了积极的作用。他专注而缜密的思考习惯，令他常常为某一难关绞尽脑汁、寝食不安。在某型号氢弹试验发射前，黄祖洽提出，理论论证上还不够牢靠，后来被实践验证的确需要再做一些理论方面的论证工作才可以进行试验，从而避免了重大事故的出现。这种在几个不寐之夜后思索出来的判断，是黄祖洽工作时的常态。

无数奉献和汗水，换来一瞬间爆发的绚烂：1964 年，中国第一颗原子弹成功爆炸；两年零八个月之后，第一颗氢弹爆炸试验成功。间隔时间之短，令世界震惊。

其实，在这段不平凡的岁月中，还有许多参加两弹研发工作的同志，也像黄祖洽一样废寝忘食地扑在工作中。为了国家强盛和民族复兴，他们把个人理想与祖国命运紧紧地联系在一起，隐姓埋名、艰苦奋斗，蓄积着前进的力量。

4.3 病床上的精神闪光

2013年底，89岁的黄祖洽因病住进医院。起初胰腺检查指标不正常，黄祖洽便进入中日友好医院，期间他还回校给大一学生上课；确诊胰腺癌后，家人原本想瞒着他，后因必须转入301医院治疗，黄祖洽终究知道了自己的病情。他的反应不仅十分淡定，照常吃饭睡觉，还像孩子似地呵呵一乐；到入院前一天，他还在给大一的学生上课。黄祖洽说："我能这样坦然面对归途，是因为我这些天回想了一下我这一生，无论是做人、做事，还是做学问，我都问心无愧。有些人在即将离开时，会想起曾经做过什么坏事，有悔悟之感，而我没有，所以我很坦然。"

2014年1月，黄祖洽在301医院

黄祖洽的这份乐观与豁达，源自于对自己一生奉献的无愧回顾，更是其人格魅力的动人写照。即便到了生命历程的末尾，他依然保持着对科学事业不变的热情。

2014 年 6 月 26 日，黄祖洽最后一次住进医院，人生的钟漏开启了倒数计时。由于胰腺癌对神经的损伤，虽然大部分时间能保持着清醒，但有时会进入精神恍惚的状态。一次发烧昏迷后的夜晚，黄祖洽不停地呼喊着“爆炸啦，大家快跑！”在无意识的时刻，他仿佛又回到了多年前的新疆罗布泊试验基地，回到了记忆最深处那些为国家核武器事业奋斗的岁月。声声呼喊也感染着在场的护工，便情不自禁地问：“你怎么不跑啊？”黄祖洽在梦幻中竟迷迷糊糊地答道：“我没关系，我就待在这里，大家快跑！”即使在梦中，黄祖洽仍不忘坚守着自己的岗位，关心着他人的安危，将自己的生死置之度外。这种无私的精神，让这位为了供儿子上大学来北京打工的护工大姐忍不住流下了热泪。

意识清醒的时候，黄祖洽最牵挂的还是我国科学研究的状况。住院以后，他像往常一样每天读书看报，立即关注到 2014 年 6 月 28 日《参考消息》“军事瞭望”栏目上转载的法新社消息：美国科学家宣称发明了一种新型中子扫描技术，用于验证核弹头的真实性，同时保护其机密信息不被泄露，这对于解决武器核查中的泄密难题具有重要意义。早在 1977 年，当美国报刊纷纷报道美国正准备在欧洲部署中子弹的消息，黄祖洽便立即撰文《中子弹是怎么一回事？》（载《物理》1977 年第 5 期），阐明了中子弹的基本物理过程和一般原理，消除了人们的“中子弹恐慌”，同时指出“中子弹并不‘干净’，也可以防御”，进而帮助戳穿了苏美两霸假缓和、真备战的把戏。而黄祖洽曾发表在《北京师范大学学报》上的三篇关于中子输运的论文（《关于中子在高温轻介质中的输运》（1981 年第 1 期），《高速运动介质中中子输运的新处理方法》（1981 年第 3 期）和《中子输运对介质流体力学运动的影响》（1982 第 3 期），正是关于这项新探测技术的理论基础，其中详细探讨了中子在不同条件下的输运问题，对于开发高可信度的中子扫描器至关重要，因为它们提供了精确求解中子输运方程和处理碰撞项所需的理论支持和数据。一次，曾和黄祖洽共事过的中国原子能科学研究院研究员陈永寿去医院探望时，讲起了新兴的核弹头探测技术。当时，黄祖洽已无力多言，但他却说起自己已在九院做了相关报告：坚信通过不同方案的理论计算和比较，我国能够探索这项新技术的可行性，并为研发提供坚实的理论基础和数据支持。陈永寿很疑惑，以黄祖洽当时的身体状况，这场报告是在何时、如何进行的。最终，还是他的长女黄萌悄悄透露，这其实是一场梦中的学术报告："他是在梦幻，今早上我来时，他让护士扶他坐起来，还让护工给他刮胡子，说要去开学术会议，见到我就问'周毓麟在哪儿？他来了吗？'我想他当时一定认为自己正在会议厅里。"病重的黄祖洽已经分不清梦境与现实了，但梦幻中最牵挂的仍是核科学事业。大家不忍心揭穿真相，更希望为黄祖洽圆梦，期待听到他的最后一次演讲，着手准备在医院举办一场小型的学术报告会。然而，黄先生的健康状况并未好转，最终没能等到他的学术报告。但在黄祖洽的心中，他已然将梦中的演讲当作现实，这也令人感到些许的安慰和由衷的感动。

黄祖洽与家人摄于 301 医院病房

（左起：黄萌、张蕴珍、黄硕、黄祖洽）

黄祖洽病中所关注着的不止中子输运的问题，每当从探望的学生或科研人员那里得知国内基础核物理研究取得新的进展时，他总是非常高兴。有一次，陈永寿带来了诸多令人兴奋的教学和科研讯息：沈阳师范大学正式建立起了基础核物理研究和教学点，召开了《核结构及相关领域前沿热点问题》研讨会，得到了辽宁省政府网站和各大媒体的报道；辽宁省决心要发展核电，正在兴建辽宁红沿河核电站二期工程。除此之外，在核交叉学科方面，我国拟建立锦屏山深地核天体物理实验室（JUNA）通过立项，这将成为世界上最深的地下核天体物理实验室——比起当时世界上唯一的深地核天体物理实验室、意大利格兰萨索的 LUNA，其表面岩层覆盖更广，等效水深超出近两倍，宇宙线本底低两个数量级。此时黄祖洽虽已病重到连说话的力气都没有，但听到这些进展后，他清晰地喊着“好！”因为他清楚地知道，核物理不只具有重要的科学意义，它的发展更关系到国家安全和能源发展。

在生命的最后时刻，黄祖洽仍然保持着对核科学事业不变的热忱，这份关切体现了他对国家和人民的深厚感情，以及一生对科学事业的奉献精神。那些在病床上的闪光时刻不仅感动着每一个见证者，更激励着后来的科学工作者，不断为国家的科学事业和国防事业贡献自己的力量。

1983 年 4 月在长沙国防科技大学讲学

4.4　“山花今烂漫，何须绘麟阁”

黄祖洽晚年接受《北京日报》采访，媒体评价他“一生两辉煌”：一是中国核反应堆工程和核武器设计的奠基者；二是手执教鞭，为我国理论物理事业培养继承人。《北京日报》写道：

他本是“两弹一星”的功臣，但军功章没有戴到他的胸前。1980 年，核事业“人才断层”引起他深深的忧虑。有着 30 年党龄的他怀抱为祖国强盛而牺牲名利的使命感，在 56 岁时毅然从如日中天的科学研究岗位转向教学岗位。他来到了北京师范大学，开始了默默无闻的教书生涯。先生个人少了一枚金光灿灿的功勋章，却为更多的物理人才攀登核物理顶点搭起了人梯。

1980 年 5 月 1 日，黄祖洽从九所调任到北师大，在刚成立的低能核物理研究所任教授兼所长。由于他的到来，北师大理论物理学科于 1981 年被批准为全国首批理论物理学博士点。

黄祖洽刚到北师大时，只指导硕士研究生和博士研究生。1999 年北师大批准低能核物理研究所可以招本科生，从此黄祖洽就给大一新生上基础课，开《现代物理学前沿选讲》。一学期 15 讲，140 人的教室总是满满当当。

黄祖洽（中排左八）与北京师范大学材料科学与工程系

（低能核物理研究所）2005届毕业生留念

2000年、2002年，黄祖洽获北师大“最受学生欢迎的本科教学十佳教师”，这是一个由学生投票评选出来的奖项。黄祖洽对这个奖看得很重，当选后十分开心，曾与同事说过多次。

2001年在北师大教师表彰会上

（左起：陈文博、张镜如、启功、黄祖洽、钟秉林）

2003年清华大学物理系组织“与大师面对面”系列讲座，请黄祖洽来做讲座。

黄祖洽在讲座中谈到，西南联大和清华的老师在课堂上讲的内容不算多也不算深，但鼓励一些优秀学生课余自学，他在这样的环境中受益匪浅。王竹溪教授鼓励他自学法语，教了他一些发音规则，借给他一本语法书，一个暑假后，他就能读法语的学术原著了。

每到清华校庆，人们总能碰到胸前挂着校友红布条的黄祖洽在校园里溜达，或与师友二三，或独自一人。黄祖洽很推崇曾任清华理学院院长的叶企孙，认为他对清华物理、清华理科以至中国科学技术都有重大贡献，常语重心长地对朱邦芬（时任清华大学物理系主任）说，要多学习叶企孙先生办老清华物理系的方法和精神。朱邦芬说，自己感觉黄祖洽和另一位“黄先生”——同出于西南联大的物理学家黄昆有许多共同之处：为人低调，做事认真，一丝不苟，年轻时对人要求极严而晚年时宽容了许多。

朱邦芬曾问黄祖洽，为什么1980年时选择北师大而不是回到自己的母校清华，黄祖洽恳切地说，清华条件比较好，而他去北师大可以发挥更大的作用。

朱邦芬在回忆文章中写道，由于各种原因，黄祖洽没有获得“两弹一星”元勋奖章，许多人为他鸣不平。对于“两弹一星”这样的汇集体之大成的巨大科技攻关项目，评出23位元勋是极其困难的，而且不可能绝对公平，只能把23人理解为这个英雄群体的代表人物。

黄祖洽晚年曾作《述怀》，回忆一生，悲喜交织：

人生诚苦短，沟坎复何多。
八九不如意，困厄逐逝波。
忧患与生俱，璞玉赖琢磨。
浪涛何惊惧，矢志苦航过。
殚思求火种，深情寄木铎。
山花今烂漫，何须绘麟阁。
杏坛二三子，起舞亦婆娑。
雏燕离巢去，良材异国挪。
相依惟老伴，同唱白头歌。
桑榆虽云晚，心旷不蹉跎。

2014 年 6 月 26 日，黄祖洽住进北京 301 医院，度过了生命中最后的时光。9 月 7 日，90 岁的黄祖洽去世。2019 年 6 月，他的塑像在北师大物理楼前落成。

1999 年北师大科技楼落成后，黄祖洽的办公室从北师大南院的低能核物理研究所搬到了这里。他的同事们还记得，那时黄祖洽每天早八点来办公室，晚六点下班，除了外出开会等活动，一周七天，每天如此。如今，613 办公室门口依然挂着“黄祖洽”的名牌。

第五章　协同篇

“大鹏之动，非一羽之轻也；骐骥之速，非一足之力也。”“两弹一星”是新中国规模空前、高度综合的科技工程。在毛泽东主席“要大力协同，做好这件工作”的指示下，在党的集中统一领导下，成千上万的科学技术人员投入到了这项伟大的事业之中。原子弹研制中的“九次计算”“草原大会战”，氢弹原理突破中的“群众大讨论”“上海百日攻坚战”等，都是集体攻关、团结协作的结果。

作为中国核反应堆工程和核武器设计的奠基者之一，黄祖洽深悉要依靠集体的智慧协同攻关。在那段峥嵘岁月中，无论是与师长彭桓武的配合，与同事邓稼先的交流，与同学何祚庥的合作；还是认真执行钱三强的部署，以及慷慨举荐于敏作为氢弹研究人选……黄祖洽发扬着大力协同、勇于登攀的科学家精神。在后来的科研与教学历程中，他继续让这份精神薪火相传，与研究生团队和科研人员们一次次向新的课题进发，为后人留下了宝贵的精神遗产。

5.1 “廿月师徒，多年战友，逢时顺势同行走”

2007 年 3 月 1 日，黄祖洽像往常一样来到办公室打开电脑准备工作，电子邮箱里却收到了“两弹”元勋、良师益友彭桓武先生逝世的噩耗。黄祖洽沉静片刻，两人多年来从师徒到战友的往事浮上心头，真挚而深切的悼词提笔而来：“文章道德，体现遗爱；高尚理想，后人承载”。

黄祖洽（左 2）与彭桓武（左 4）等出席清华大学校庆（摄于 1984 年）

彭桓武是黄祖洽的各位师长中非常特殊的一位。这对仅仅相差九岁的师徒，在清华园的一年零八个月时光中结下了深厚的情谊。黄祖洽从清华毕业后，他们又从师徒变为战友，共同投身到核反应堆的理论研究工作中，都成为了我国核反应堆理论的开拓者和奠基人。

1948 年，黄祖洽在清华大学物理系完成了本科学业，选择继续深造攻读研究生。在恩师王竹溪的建议下，他报考了即将从美国归来的钱三强的研究生，之后在钱三强的指导下，开启了新一阶段的学习和研究工作。

钱三强很快发现了黄祖洽出众的科研才华：这个年轻人不仅有着扎实的物理学基础，还喜欢追根究底，常能提出些值得思考的理论问题，很适合做理论物理的研究。当钱三强忙不过来的时候，甚至会将一些代课任务交给黄祖洽，让他给同龄的研究生们讲原子核物理。

后来，钱三强日渐忙于学术活动的组织和管理，常常分身乏术；为了黄祖洽能在其研究兴趣上有所发挥，钱三强就把黄祖洽推荐给刚刚回到清华的好友彭桓武做了研究生，继续钻研理论物理。那是 1949 年，34 岁的彭桓武已经是蜚声国际的物理学家了，距离他 1938 年离开清华前往英国深造，已经过去了十一年。在英国爱丁堡大学，彭桓武成为了德国理论物理学家、量子力学的奠基人之一马克斯·玻恩的第一个中国学生；在给至交爱因斯坦的信中，玻恩数次提到了这名高徒。后来，彭桓武在玻恩的推荐下前往爱尔兰都柏林高等研究所做博士后，与著名科学家埃尔温·薛定谔及量子化学的创始人之一瓦尔特·海特勒共同从事研究工作。彭桓武与诸位物理学大师合作发表了一系列关于场的量子力学与统计力学的探索性工作，以及综合介子场的成果，从此名扬国际物理学界。1947 年底，彭桓武抱着满腔爱国热忱回到祖国。他先是在昆明云南大学物理系任教授，开设物性论、高等电磁学和量子力学等三门课，同时开始关于核力的研究工作。1949 年 5 月，彭桓武借道香港回到北平，来清华任教，先后开设了普通物理、量子力学及数理物理方法等课程，并开始招收理论物理方面的研究生。

与彭桓武亦师亦友的情谊持续了黄祖洽一生

黄祖洽对彭桓武早有耳闻，对其首次在清华的学术演讲更是印象深刻。彭桓武的演讲中深入浅出地介绍海森堡散射矩阵理论，作为听众，黄祖洽感到既兴奋又期待，渴望与彭桓武进一步交流学习。在彭桓武的指导下深耕理论物理，不仅符合黄祖洽的兴趣，更能让他接近核科学的前沿，发挥自己的专长。这次偶然的改变，不仅是黄祖洽学术生涯的一次重要转折，更让他与彭桓武结下了一辈子的师生缘分。

当时彭桓武一个人寄居在叶企孙先生家中，黄祖洽找他请教和讨论问题非常方便。与彭桓武接触得多了，黄祖洽越发感受到，彭先生不仅是一位享誉国际的物理学家，更是一位亲切而慷慨的朋友。黄祖洽后来回忆："我们虽是师徒，胜似朋友。偌大的清华园里，我们经常一边散步，一边讨论问题，往往忘记了时间。有时候，食堂开饭的时间早过了，彭先生就说：'我请客吧！'于是，我们就到'工字厅'旁边一个小饭馆吃晚饭。我们天天在一起，所以这种事情常常发生。"

不仅如此，彭桓武的教育理念也对黄祖洽产生了重要影响。彭桓武非常注重学术民主。留学期间，他便亲眼见证了德法两国因此而造成的理论物理学差距。法国当时的理论物理学权威是德布罗意，他唯我独尊，导致后来人才凋零。而德国的慕尼黑学派和哥廷根学派的代表人物索末菲和玻恩，他们倡导学生之间的交流和创新，由此推动了德国理论物理学的繁荣，涌现出了一大批人才。这件事深刻启发了彭桓武与学生的交流方式，黄祖洽对此曾撰文写道：

"他讲授量子力学，既注意使学生清晰掌握基本的物理概念，又注意引导学生将量子力学用于解决原子、分子等微观系统中的物理问题，从而培养他们解决问题的能力。他平易近人，与学生亲如朋友，常到学生宿舍谈心，或与学生一起漫步园林，在散步中讨论问题、讲述他的见解。春风化雨，诲人于无形。他曾说，做研究时要把眼光放开，看到每一条可能走的路，不要局限于一隅，而每一条路又要坚持走到底，这样得到的结论（不管是正面还是反面的）才靠得住。平时他常常提到'做最多工作'的原则。"

许多灵感就是这样在讨论中萌发、之后再经实验论证的——黄祖洽的硕士论文就是"散步散出来的"。在一次讨论中，彭桓武建议黄祖洽用量子力学的方法计算氟化氢分子，黄祖洽很感兴趣，立即着手尝试。但这项工作的计算量巨大，当时的清华只有两台手摇电动计算机，全校师生排队使用。黄祖洽便调整思路、利用变分法减小计算量，只是怕实验结论和数字有可能相对粗糙，在结果出来之前没有向彭桓武汇报，而是躲起来自己进行运算。两周之后，当他有了确定的计算结果，便怀着忐忑的心情去向彭桓武汇报。彭桓武看过之后，觉得数字和理论跟实验的差别很小，认可了这种用变分法计算的结果。这个计算的过程，最终形成了黄祖洽的硕士论文《氟化氢分子的一个计算》。

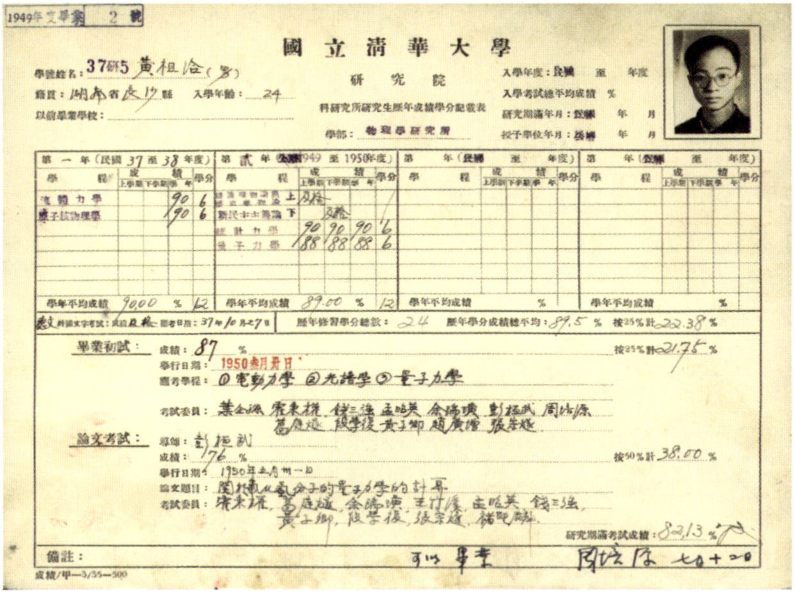
1949年 2 號

國立清華大學

研究院

學號姓名：37研5 黄祖洽

籍貫：湖南省長沙縣　入學年齡：24

以前畢業學校：

科研究所研究生歷年成績學分記載表

學部：物理學研究所

入學年度：民國　至　年度

入學考試總平均成績　%

研究期滿年月：民國　年　月

授予學位年月：民國　年　月

第一年（民國37至38年度）

學程	成績	學分
流體力學	90	6
原子核物理學	90	6

學年平均成績 90.00 %　12

第貳年（1949至1950年度）

學程	上學期	下學期	學年	學分
新民主主義論 下		及格		
統計力學	90	90	90	6
量子力學	88	88	88	6

學年平均成績 89.00 %　12

外國文字考試：　應考日期：37年10月27日

歷年修習學分總數：24　歷年學分成績總平均：89.5 %　按25%計22.38 %

畢業初試：成績：87 %　按25%計21.75 %

舉行日期：1950年月日

應考學程：①電動力學 ②光譜學 ③量子力學

論文考試：導師：彭桓武

成績：76 %　按50%計38.00 %

舉行日期：1950年五月卅一日

研究期滿考試成績：82.13 %

備註：可以畢業

成績/甲—3/35—500

黄祖洽研究生时期的成绩单

1950 年 7 月下旬，黄祖洽已提前修满研究生学位学分，每门成绩都在 85 分以上；在彭桓武的建议之下，他顺利提前通过了研究生论文答辩，从清华毕业，从此告别了校园时代，进入中国科学院近代物理研究所，开始了在尖端理论领域的长期奋斗。

这段彭桓武口中“廿月师徒”的缘分并没有结束。1955 年，彭桓武被调到中科院物理研究所担任副所长，并兼任理论研究室主任。时隔五年，黄祖洽成为了彭桓武的战友。很快，彭桓武的研究重心顺应着国家的需要，由以往将量子力学应用于原子核这一多体系统，转移到反应堆理论上来。1955 年 10 月至 1956 年 4 月，彭桓武参加钱三强带队的实习团去苏联学习反应堆理论。

“我们在钱三强的带领下到了莫斯科，住在十月宾馆，当时我正好和彭先生住在一个房间。我们每天早上一起到莫斯科郊外的一个研究所学习反应堆理论。除了研究人员给我们办讲座以外，我们还一同研读资料，并且对其中发现的问题进行深入的讨论。这为后来计算出反应堆的临界值奠定了重要的基础。”

在黄祖洽的回忆中，这又是一段天天和彭先生一起钻研物理问题的时光。回国之后，彭桓武和黄祖洽再次合作，于 1956 年上半年在中科院物理所举办为期一年的反应堆理论学习班，学员近二十人，共同为中国培养了第一代反应堆理论研究人员。在后来波澜壮阔的核武事业中，从核临界安全到原子弹和氢弹的理论设计，彭桓武与黄祖洽始终并肩作战，同时引导和培养了一批优秀的核科学青年工作者，他们的合作与贡献，成为了中国核科学史上不可磨灭的一笔。

在完成国防科研任务之后，黄祖洽和彭桓武又相继为理论物理的教育事业继续贡献力量。1980 年，黄祖洽前往北京师范大学任教。同一时期，彭桓武也先后在中国科技大学研究生院和北京大学物理系开设课程。黄祖洽不仅请彭桓武和自己的学生们一同郊游，也时常单独邀请彭先生一起出游、讨论问题。黄祖洽的生日是 10 月 2 日，彭桓武的生日是 10 月 6 日。两位晚年时，有一次在10月4日一同出游，算是一同过生日。彭桓武就此留下了“廿月师徒，多年战友，逢时顺势同行走”的诗句，这不仅是对二人深厚情谊的生动写照，也是对他们一生科学协同事业的深情回顾。

1986 年，彭桓武（右 2）、黄祖洽（右 3）与学生摄于北京西山农场

晚年从游，彭桓武和黄祖洽讨论的内容除了物理学还有文化思想。两人对中国传统文化都很感兴趣。彭桓武赞赏荀子的法家思想，将法家对社会规则的重视扩展到了自然界的规则。“彭先生还比较推崇道家的思想，按照中国的传统，法家和儒家都是出自道家的。他的思想里有一点很突出，就是‘顺其自然’，不要太勉强。这也和法家有关系。因为自然是有规律的，‘顺其自然’就是要按照客观规律去做事，不要勉强，不要违背客观规律。”

“他受到中国文化的影响颇深，他的爱国思想、同情劳动人民的思想都给我留下了很深的印象。这也就是解放后他为什么会回到祖国的根源。”黄祖洽回忆起彭桓武曾讲起自己年少时的家庭经历，他的父亲彭树棠曾在东北当过司法官，那时东北边境和俄罗斯、日本经常发生争执，彭父据理力争，为维护国家主权做了很多工作。“所以，彭先生的爱国思想也是受到他父亲的影响。他是一个有正义感的人。”每当回忆彭桓武的往事，黄祖洽总会露出会心的微笑，不停赞颂着彭先生的可敬可爱之处。

彭桓武晚年遭遇了人生的重大打击，丧妻和失子的痛苦让他心灵深受创伤。尽管他依然沉浸在科学探索之中，试图以此排解失去亲人的悲痛，但黄祖洽深知，彭桓武也是一个有血有肉的普通人，这些打击无疑让他的心情沉重。在彭桓武逝世前几天，黄祖洽曾到医院探望，目睹老朋友在病榻上忍受着痛苦，黄祖洽心中充满了难过和不舍。彭桓武的逝世，对黄祖洽的打击无疑是巨大的；但他更明白，彭先生的精神和遗愿需要后人来继承和发扬。

“我写的悼词‘文章道德，体现遗爱；高尚理想，后人承载’是说，彭先生的渊博知识和高尚道德体现着他对科学、对祖国、对朋友的爱；他的崇高理想还要后辈继承和完成。这也是对我和他的同事们的一种共勉吧。”

5.2 一生师兄弟：从清华园到“轻核理论组”

1960 年对于我国核科学工作者来说是难以忘记的。自 1959 年 6 月，前苏联单方面撕毁国防新技术协定、停止对我国核武器研制的援助之后，进一步于 1960 年 8 月撤走了援助核工业的 233 名苏联专家，带走了重要的图纸资料。我国从此走上了完全依靠自己的力量发展核武器的道路。彼时的新中国面临严峻的国际形势和国家安全需求，迫切需要发展自己的核武器以保障国家的安全和独立。当时，世界核大国已经开始研制氢弹，而我国在原子弹的研发上也取得了一定的进展。为了加快核武器的研发进程，特别是氢弹的理论探索，1960 年 12 月，二机部刘杰部长和钱三强副部长做出决定，原子能所先行一步探索氢弹原理，在原子能所成立“中子物理领导小组”，由钱三强所长负责。在“中子物理领导小组”的领导下，在原子能所第四研究室成立了一个“轻核反应装置理论探索组”——简称“轻核理论组”，代号“乙项任务”；主要探索轻核反应装置的物理原理，即氢弹的关键技术之一、核聚变过程。在当时西方对我国实行严密技术封锁的背景下，轻核理论小组的成立，标志着我国在核武器研发方面迈出了重要一步，体现了我国科研人员自主创新的决心和能力。

右起：黄祖洽、何泽慧、何祚庥

当时，实验组的组长是我国著名女性核物理学家何泽慧，而理论组的组长正是黄祖洽。“轻核理论组”成立不久，立即迎来了一位熟悉的成员——那就是从苏联杜布纳研究所归来、黄祖洽在清华的师弟、从事 β 衰变理论研究的何祚庥。

何祚庥低黄祖洽两级，于 1951 年毕业于清华大学。在学生会组织的周培源教授的狭义相对论讲座上，两人开始相熟起来。何祚庥当时刚刚进入清华，只有一点普通物理的基础，只觉得讲座高深莫测，加上周培源的演讲中有很多物理术语和英文名词，并不容易听懂。但高年级的黄祖洽则听得津津有味，不时地回答周培源提出的问题。他对何祚庥说：“周老师今天的演讲好极了，极其精彩。”何祚庥不禁对这位师兄肃然起敬，自己听不懂的东西，他却能够欣然领悟。后来在高低年级的交流中，何祚庥和他的同学们经常向黄祖洽请教物理学，这位学长也很愿意介绍自己的心得体会。有一次黄祖洽受命做一个调研报告，他从实验到理论不厌其烦、深入浅出地讲了一场长长的报告，很多人听得不耐烦，中途都回去了。而何祚庥却知道，“这是为了讲给我听啊！”他深深记得，“因为有一个听众叫做何祚庥，水平较低，所以黄祖洽讲得特别通俗易懂，结果拉了很长。”话里虽有玩笑，但足可见师兄弟情谊。

黄祖洽尤其建议师弟们要向大师学习。黄祖洽特别向何祚庥推荐了理论物理学大师，玻尔、海森堡等许多位量子力学开创者的老师索莫菲尔德，他在德国写了五本理论物理学著作；黄祖洽特别强调，这五本书很好，应该去读，读了以后就能领会大师的水准。这样一来，何祚庥对这位师兄就更加佩服了。

何祚庥摄于 2004 年黄祖洽八十岁生日会

在科学上，黄祖洽是何祚庥的指导者；而在政治思想上，何祚庥则是黄祖洽的引路人。何祚庥于 1947 年 7 月入党，参加了清华的地下党组织。成绩优异、极其用功，并且流露出强烈爱国情怀的黄祖洽立即成为了组织关注的争取对象。何祚庥积极邀请这位优秀的师兄参加各种生活小组、学习小组和其他同学间的活动。在学习小组的辩论中，他们一起认真地讨论过共产主义理想，讨论中国革命是走新民主主义道路还是孙中山的旧民主主义革命道路，讨论当时国内战争的罪魁祸首……经过了思想上一次次深刻的交流，黄祖洽于1949年初被吸收进入地下党组织，于1950年正式入党；何祚庥正是他的两名入党介绍人之一。

在“轻核理论小组”里，这对师兄弟再一次并肩作战。在此之前，何祚庥在1953年随钱三强参加访苏代表团时曾和当时已被派往苏联学习的黄祖洽一起短暂地交流过。这一次，他们继续互相学习、团结合作，也常常为了真理问题而争辩不休。在科学面前，他们坚持原则，绝无勾心斗角，任何的争吵也没有影响两个人的友谊。在研究之余，何祚庥还积极向黄祖洽等多位科学家传授太极拳强身健体，当了一回“师父”。

从清华园到“轻核理论组”，黄祖洽和何祚庥这对师兄弟，就这样从求学时代的水木清华，走到了为国家奋斗的科学战场。氢弹研究的攻坚阶段正值三年困难时期，粮食和副食品以及生活必需品紧缺，许多人吃不饱肚子，出现全身浮肿，形势相当严峻。这些从事最尖端研究的科技人员，也同样面临着“勒紧裤腰带”的问题。但就是在这样的条件下，他们依然坚持在科研阵地上携手努力。

1962年11月3日，毛泽东主席批示原子弹工作：“要大力协同，做好这件工作。”这项批示成为动员全党、全军、全国人民，齐心协力研制核武器，为实现爆炸第一颗原子弹而努力的动员令。唯有各方协同，通力合作，方能保证“两弹一星”事业的最终胜利。黄祖洽与何祚庥的师兄弟战友情，也可看作大力协同背景下一个动人而有趣的缩影。

5.3 核武器事业是千千万万人共同奋斗的事业

胡思得院士回忆起原子弹事业时说，“对大家来讲都是摸着石头过河。那个时候学术民主，大家经常在一起讨论。每次探讨，每个专家都从各自的角度提出看法和建议，有时候争论得很激烈，我感觉大家的智慧都是在这种激烈的争论中给激发出来的。”

一次胡思得和黄祖洽在晚饭后散步时，谈起了这段日子专家们为一个计算结果反复讨论的事情。黄祖洽语重心长地对胡思得说起了自己的体悟：参加讨论会，不能光看热闹，不仅要注意每个人发言的内容，还得从他们的发言中悟出每个人的思维特点和学术技巧。

黄祖洽一个个举起了例子：彭桓武先生有著名的 $3 \approx \infty$ 公式，即把两个待考查因素的影响作比较，如果比值大于 3，就暂不考虑分母的因素，把复杂问题大大简化；程开甲和周光召则擅长用勒让德函数展开和微扰法，取零级项、一级项、二级项来分解问题，分别列出方程求解，很快能给大家一些明确的概念和思路。而何祚庥呢，他却能在激烈的争论中，冷静地思考各方的主要论点，去其偏颇，突出合理的内核，引导出一个更为完美的意见。他常常能取各家之精华，求同存异，做出一个大家都能接受的小结，或提出下一步需深入思考的问题。

于是黄祖洽得出结论，要特别细心去观察、思考每一个人的特长，各自发挥所长。

黄祖洽的这席话，对胡思得触动很大。后来胡思得担任中国工程物理研究院院长后，更清醒地意识到领导从事核武器研究这样集体性很强的科研群体，一项重要工作就是去发现每个人的优点，然后安排工作。尽量让他们在合适的场合、给合适的机会去充分施展他们自己的才能，充分发挥他们的积极性。要尊重同事，要尊重他们的劳动成就和应得的荣誉，绝不能跟他们去争名利，这样才能把大家的积极性调动起来，更好地完成科研任务。

其实，“轻核理论组”时期，黄祖洽就已进入到这种协同作战的科研氛围之中了。那时黄祖洽和于敏都尚年轻，他们俩加上何祚庥的协助，带领一班人马攻克氢弹科学难关，着实很不容易。但黄祖洽、于敏两位组长配合默契，领导有方，按学科把科研人员们划分数摊，有研究氢核反应截面的，有研究中子输运的，有研究高温重物质性质和辐射输运的，还有研究中子和辐射流体力学的。他们除分别掌管外，还不时聚在一起，沟通各摊研究进展，切磋实践中提出的各种难题，讨论解决的方案，再带回各摊讨论，求得问题的解决。那时每个人都有强烈的光荣使命感，奋发图强拼命工作，十二楼二层东侧的灯光，每天都通明直至深夜。

黄祖洽的老同事们（摄于 2012 年冬）

（后左：苏宗涤、何汉新、陈永寿、陈叔平、郁金南、萨本豪、张锡珍；

前排：胡华琛、杨桢）

1965 年后不久，彭桓武带领黄祖洽、于敏等科学家前往位于青海的 221 基地，提出需要进行冷实验以验证新的氢弹原理。在那里，黄祖洽从最基础的原理出发，清晰地阐述了氢弹与原子弹的区别以及研制过程中必须解决的关键问题。他的讲解深入浅出，为在场的科研人员指明了研究方向。尽管 221 基地的有些领导在方案选择上有不同意见，但朱光亚、周光召等众位科学家纷纷积极协调。特别是朱光亚在其中发挥了重要作用，他在会议中虽不多言，但最终的决策都由他来定夺。黄祖洽所抓的核武器基础理论，在 221 基地的研究中逐步推进，一室所做的状态方程等工作发挥了关键作用。整个团队展现出了高度的团结协作精神，共同为国家的核武器研制事业贡献力量。正如后来彭桓武在一次大会上深情总结的：

不管是周光召也好、黄祖洽也好、于敏也好，都是集体的贡献。当时搞氢弹就好像我们开抽屉，不知道在哪一个抽屉里，有的人抽屉里有，有的人抽屉里就没有，我就分配给每一个人开一个抽屉。有的人抽屉里就是没有，他再有能力，他抽屉里也没有，有的人抽屉里就有，所以这是集体的力量。

邓稼先曾说，核武器事业是千千万万人共同奋斗的事业。在一个集体里，只有大家互相学习、互相尊重，取长补短，为了共同的目标，劲往一处使，才会使集体变得坚强有力、攻无不克。彭桓武用一副对联概括那段万众一心的峥嵘岁月："集体，集体，集集体；日新，日新，日日新"。黄祖洽的科研历程，正是这一伟大事业中的一个缩影，也是铸成两弹辉煌事业的最重要的人物之一。

5.4 中国原子弹成功的可能性有多大?

1964年4月11日，在周恩来总理亲自主持召开的第八次中央专委会议上决定：“596”（原子弹代号）采用塔爆方式，于9月10日前做好试验前的一切准备工作。要求做到“保响、保测、保安全，一次成功”，要求做到“严肃认真，周到细致，稳妥可靠，万无一失”。

1964年10月12日晚，在核试验委员会常委会上，委员们讨论试验万一不成功怎么办？专家们认为，不成功只有两种可能：一种是在发出起爆指令以后，由于铀-238自发裂变产生的中子引起“自燃”走火，提早核爆炸，使爆炸当量减少，达不到预期目的；另一种是只发生化学炸药爆炸，没有发生核爆炸。随后将讨论结果发电报上报北京。

10月14日晚，总理问二机部部长刘杰：“前面13日发来的电报看过了吗？”刘杰答：“看过了。是今早上班看到的。”刘杰认为，只发生化学炸药爆炸的可能性不大。因为，多次的聚合爆轰试验没出过问题，说明我们对聚合技术的掌握是好的。至于铀-238自发裂变产生的中子而引起核爆炸提早的问题，到底有多大的概率，需要请专家再研究一下。

10月15日早晨一上班，二机部部长刘杰就来到九院（1964年2月在九所和局机关基础上合并组建了九院）理论部，找到留守在京的理论部第一副主任周光召，要他对铀-238和铀-235自发裂变产生中子、提早引发核爆炸（这会使爆炸当量减少，达不到预期目标）的概率有多大，提出论证看法。周光召考虑任务紧急，提出可否请擅长中子理论的物理学家黄祖洽和数学家秦元勋一起来完成。刘杰表示同意。

多年后，黄祖洽用波澜不惊的口吻对后辈回忆起那惊心动魄的一天：

“第一颗原子弹试爆前，理论部主任邓稼先他们到试验场去，他们担心会不会有过早点火（即临界程度还不高的情况下就点火，爆炸的威力就会大大减小）而放一个“臭弹”，有些拿不准。就打电话回北京，当时在北京的副部主任有周光召、秦元勋和我。周光召作为第一副部主任也帮助邓稼先主任统管全局，与朱光亚、邓稼先两人一起，上行下达。周光召就来找我和秦元勋问这个事。这个问题对我来说比较容易解决，因为只要找出中子过早发出来的概率是多少就可以。这里关键的数据，一个是中子早发概率，一个是压缩到超临界以后的时间有多少。刚好算这个中心中子源被压缩的是我带着储连元他们一起做的，所以我对此比较清楚。另外在这段时间内怎么会有过早点火呢？就是因为铀的有些同位素会自发裂变，有自发裂变的概率，把这个自发裂变的概率找出来（这些都可以从文献上找到），知道了概率，又知道超临界的时间有多长，就可算出这个过早点火的概率。所以周光召找到我和秦元勋——秦元勋是管数学和机器的——本来周光召还想让秦元勋再去算一算，但根据我的考虑，就比较快的得出结果。后来公开文献发表，说周光召找些人计算了一天，其实没有那么长的时间。周光召把问题提出来以后，我很快就把答案给出来了，概率别人找不着，因为他们没有搞中子的工作。我有很多参考书，一查自发裂变的概率和那个时间一乘就得出来了。”

10 月 15 日当天傍晚，周光召来到刘杰办公室，递交了由周光召、黄祖洽、秦元勋三人共同署名的研究报告：“经估算，我国第一颗原子弹试验成功的可能性超过 99%。”在中国首颗核弹试爆前夜的紧要关头，这份“三人签名”，让周恩来总理吃下了定心丸。它明确回答了这样一个问题：中国原子弹成功的可能性有多大？ 99%——是中国第一代核工业人交出的答卷。

1978 年 8 月中国物理学会年会第三次核物理会议合影，许多为“两弹一星”做出杰出贡献的物理学家都位列其中

第六章　育人篇

在科学界，一代又一代科学家之间传递的不仅有知识、方法，更有甘为人梯、支持青年人才在重大科研任务中发挥作用的育人精神。上世纪 80 年代初，“两弹一星”的研究工作基本已获突破，黄祖洽在工作中日益察觉“中国的人才断层问题很严重”。他毅然转入教育战线，来到北京师范大学新建的低能核物理研究所，成为了一名大学教授。

“我所走的道路就和教师有着紧密的联系”，从中学时代的汪际虞、周毅、蔡希欧几位老师，到大学时的叶企孙、王竹溪教授，研究生导师彭桓武教授，黄祖洽深感，教育对人的一生有着多么重大的意义。

其实，育人育才早已贯穿了黄祖洽的一生。从家庭中的教育点滴，到核科研事业中培养的青年人才，直到耄耋之年，黄祖洽依然在给本科生授课。“曾为攻关奋战苦，又与后辈铺路勤”，黄祖洽将一生的奋斗成果浇筑在杏坛之上，熔铸于中华民族伟大复兴的不息征途之中。

6.1　循循善诱的家庭教育

在家里，黄祖洽其实也是一位亲切、严格、循循善诱的教育家。他对于子女的教育总是启发式的，不逼迫孩子们去学什么，而是引导孩子的兴趣。在次子黄硕小的时候，一次看到爸爸黄祖洽在读书，就凑了上去。黄祖洽就拿书上奇形怪状的“符号”逗黄硕，说那是“小蚯蚓”。黄硕长大以后才知道，这些“小蚯蚓”其实是积分号，黄祖洽用一种特别可爱的方式，在儿子心中种下了科学的种子。

1995 年黄祖洽在家中与外孙下象棋

后来，黄祖洽也建议长女黄萌用引导的方法教育自己的小外孙。在孩子正值青春期、有了逆反意识的时候，许多知识不要直接灌输，就把有意义的书都放到书架上去，让孩子自己去看、自主去找。

而另一方面，黄祖洽也是一位严父。当孩子们做了错事，他会严格地批评教育，甚至像私塾先生一样打手板子，让孩子们牢牢记住做人做事的道理。

黄萌和黄硕幼年时有这样一个家庭小插曲，两个孩子不小心打碎了家里的水银温度计，出于孩童的好奇心，他们开始玩要着地上流动的水银，让小股的水银汇聚成大股的水银，好不有趣。这一幕被刚回家的黄祖洽撞见，他立即严肃地制止了孩子们的行为。黄祖洽并没有简单地斥责孩子们，而是采取了一种更为理性的方法。他立即把两个孩子叫到身边，坐下来列出科学公式，计算了水银蒸发后可能产生的毒气影响，详细地并用具体的数字向孩子们解释水银可能造成的潜在伤害。这种直观的教育方式，不仅让孩子们深刻认识到了水银的危险性，也让他们开始学着用科学和理性的思维探究世界。黄祖洽随后教导孩子们如何使用硫黄来中和水银，这种理论和实践相结合的教育方法，不仅解决了眼前的问题,更让孩子们学会了面对问题时的科学态度和解决方法。

黄萌回忆说，父亲这种以理服人、以德服人的教育方式让人终生难忘。严格的态度只是一个方面，更重要的是科学的方法和理性的解释，甚至可能会无意中激发了孩子对化学的兴趣，对人生产生重要的影响。

黄祖洽也非常重视思想道德上的教育，从小就教育孩子们要诚实，不能骗人。在特殊年代，黄祖洽亲自带孩子，教他们做饭，培养生活能力。有一次他买回家一捆香椿，打算做最爱吃的香椿鸡蛋。十岁的黄硕放学回家一看，还不认识香椿，以为是发了霉的菠菜，就扔进了簸箕，还将簸箕中的垃圾一并倒掉。当黄祖洽回到家中询问香椿的去向，黄硕坦白地告诉了父亲。面对这样的情况，黄祖洽并未责怪他，而是展现了宽容和理解的一面。还有一次，黄硕在北师大实验小学操场角落的沙坑里，宝贝似的发现了一块吸铁石，却不知道这块拾来的宝贝是班上另一个孩子在沙坑玩耍时遗失的。吸铁石在当时是相当罕见的玩具，黄硕兴奋地把它带回教室，很快引起了其他孩子的注意，这件事最终传到了老师耳中。老师在家长会上向黄祖洽提及了这件事，误以为黄硕拿走了同学的吸铁石。黄祖洽回家后对黄硕大为生气，严厉地斥责黄硕为何要拿走别人的东西。直到后来黄硕向父亲解释清楚了整个事情的经过，黄祖洽才意识到自己错怪了儿子，承认自己处罚错了。这件事成为了黄硕成长过程中一个难忘的教训，更展现了黄祖洽在意识到错误时能够及时纠正的态度，也是对教育的一种反思和启示。

1957 年，黄祖洽与孩子们（黄萌和黄硕）

左起：黄硕、黄葵、黄萌

从小到大，黄氏兄妹们深觉和父亲的交流是一种享受，虽然黄祖洽年岁渐长，但思想与时俱进、随时更新，并且永远能在知识里寻求快乐。黄祖洽的家庭教育，让孩子们学会了诚实、宽容，以及理性思考和解决问题的能力。对子女的培养过程，也是个人教育理念的不断实践和完善。

6.2 在每一门课上，都会找到自己感兴趣的东西

黄祖洽和夫人张蕴珍育有两女一儿，黄萌是他们的大女儿。晚饭后，黄萌常常陪着父母在小区里散步，听黄祖洽回忆过去的事情，或讲些人生感悟。正是在这些轻松而深刻的聊天对话中，黄萌得到了许多激励，更能不断地明白事理。

摄于 1969 年 10 月的全家福

（前排左起：张蕴珍、黄葵、黄祖洽，后排左起：黄萌、黄硕）

有一天晚上他们聊起学习，黄萌和父亲讲起最近拜访他的大学同学李德平的经历。李德平回忆起在西南联大的求学时光，称赞黄祖洽学什么就像什么，没有哪门功课成绩不好的；而他自己却自谦并非门门都学得好，对于不喜欢的课，就不爱学，譬如党义和体育等等，及格就行。于是黄萌好奇地问父亲，学党义是不是要死记硬背，是不是很没意思。黄祖洽的回答却恰好相反，他并不讨厌党义课，也没有死记硬背。党义课学的是孙中山先生的著作，黄祖洽自中学时就爱看，也觉得很有道理。

他举例讲了一个《孙文学说》里关于修表人收费的小故事，强调孙中山对知识的重视——在那一元钱的修理费中，90% 是修理知识费，10% 是手工费。随后又说到体育，黄祖洽回忆自己在体育课上学到的不仅是跑步、翻墙、跳远、跳高等体育技能，更有关于个人卫生和健康的宝贵知识，例如洗澡的方法，自我保健的方式等等。黄祖洽自小体弱，因此很重视锻炼和保养身体，上学期间便养成了晨练的习惯，所以他的体育课也不错。一直到现在，还坚持着每天做操的习惯。黄祖洽说，在每一门课上，都会找到自己感兴趣的东西，因此学习起来并不觉得枯燥。这种积极的学习态度和方法，也激励着黄萌在求知的道路上不断坚持前行。

接着，黄萌与父亲谈如何写好文章，因为黄祖洽小时候的作文总是被当作范文张贴在外面。黄萌问他为什么写得那么好？黄祖洽说，起初也写不好，后来他就不断琢磨，觉得一篇文章里总是应该体现一种思想，先把思想确立好了之后，再进行适当的展开和铺垫，文章就好看了。自从这样做之后，每次的作文写得都不错。黄萌想到自己写的文章，总是像流水账似的，平铺直叙，缺乏思想，意识到真应该好好地琢磨一下，深入挖掘文章的思想内涵。

在饭后散步的谈话中，黄祖洽和黄萌姐弟三人看星星说星星，看树说树，透过眼前的一草一木，给孩子们讲科学的知识、乃至分子、原子的概念。家里如同多了个老师，潜移默化中培养了孩子们对科学的兴趣。黄祖洽有着非常超前的教育思想，从不逼迫孩子们去学什么，而是用启发、诱导的方式来激发兴趣。

黄祖洽重视兴趣的培养，鼓励孩子们凡事超前思考、主动学习。他认为，做任何事情都需要有悟性，成功的人往往就是悟性强的人；而通过广泛阅读和深入思考，可以不断提升自己的悟性。

黄萌心想：这也是自己父亲能够成功的原因吧。和他相比，自己真是感到有点惭愧，还有许多需要学习和提高的地方。

6.3 “黄祖洽兵团”

在中国核工业的发展历程中，有一支被誉为“黄祖洽兵团”的队伍，为中国核反应堆理论研究和人才培养做出了不可磨灭的贡献。1953 年，黄祖洽在钱三强的部署下开始从事核反应堆理论研究，与邓稼先、于敏等人一起，肩负起关键的方程式推导和设计工作。1956 年，苏联援助我国的实验性重水反应堆和回旋加速器正式开工兴建，为了培养更多的反应堆理论工作者，彭桓武和黄祖洽合作，在中科院物理所举办为期一年的反应堆理论训练班，共同培养了中国第一代反应堆理论研究人员。1958 年，年仅 32 岁的黄祖洽作为原子能研究所（即中国科学院物理研究所）核反应堆理论组（四七组）组长，带领了二十名左右大学生——这支队伍被誉为“黄祖洽兵团”。这支青年科研人员队伍成功保障了中国第一座重水反应堆的安全运行。

1956 年“反应堆理论训练班”时期，主要成员有郑绍唐、胡华琛、蔡少辉、黄锦华等来自北京大学物理研究室（即今技术物理系）第一期的十余名应届毕业生，以及来自其他院校从事数学、工程方面的十余人，共同组成了一支从事反应堆理论和设计工作的队伍。

第一排：王淦昌 、李毅、姓名不詳、鄧兆明、錢三強、李四光、吳有訓、葉企孫、饒毓泰、周培源、施汝為、趙忠堯；
第二排：劉書林、戴傳曾、朱培基、肖健、忻賢傑、張家驊、吳姬廉、何澤慧、力一、彭桓武、梅鎮岳、汪家鼎、徐光憲、汪德熙、劉靜宜、姓名不詳、彭士祿；
第三排：宋少章、連培生、王承書、吳乾章、李德平、周光召、李林、黃祖洽、楊承宗、丁渝、關肇直、曹本熹、吳徵鎧、張沛霖、朱洪元；
第四排：李壽楠、謝曦、蘇振芳、蔣本沂、朱光亞、陸祖蔭、屈志潛、錢皋韻、鄭林生、胡濟民、陳國珍、於敏、陳為敬、金星南、範玉庭。

1963 年原子能所第一次会议合影

郑绍唐回忆，他在报到那天恰逢中秋，彭桓武便请他晚上到家里吃月饼，就在那天晚上第一次见到了时年 31 岁的黄祖洽。这些刚分到物理研究所的大学毕业生们还没有系统学习过核反应堆理论，接下来就由彭桓武、黄祖洽和金星南给大家来授课培训。培训班具有保密性质，于是安排在物理研究所东北方向的、北大技术物理系楼最高的六层东侧的一个大教室里。彭桓武作为主讲，黄祖洽间或讲上一二堂，主要采用的是在苏联时卡拉宁教授为他们所讲的反应堆理论内容；中间还由金星南先生讲了一段计算数学。在黄祖洽的眼里，这些学生们都十分用功，例如方励之的数学功底比较好，有些习题不用细细讲，就能自己做出来。他们也会自己提出一些问题，例如边界条件等等。

这些习题当然不是普通的习题，大部分时间里，彭桓武和黄祖洽利用在苏联热工研究院里对重水堆的计算实践经验，帮助学员们做练习和计算辅导。而后就由黄祖洽带领学生做反应堆的物理计算，为重水反应堆开堆作准备。每人计算一种重水反应堆做零功率实验时的工况，譬如说，固定铀棒放的方式与根数，计算重水达到什么高度时，反应堆就达到临界。黄祖洽将这些工作总结在《研究性重水反应堆上临界实验的理论计算和分析》（1960年以原子能研究所的名义发表）文章中。当时这些初出茅庐的年轻学生，从来没有做过科研工作。黄祖洽不但手把手教学生们具体的计算方法，还结合工作讲解科研的方法。譬如，他告诉学生们："工作没有做完，不要把草稿纸扔掉！"这句话听起来很平常，但在日后的实际工作中让学生们获益匪浅，受用终生。1955年在日内瓦召开的第一届和平利用原子能国际会议上发表了许多核反应堆的文献，彭桓武和黄祖洽就组织学生们调研这些文献并轮流报告。通过那段时间的学习，大家知道了核反应堆的各种类型和它们的特性，为反应堆选型工作打下了基础。

紧接着，我国决定建造核潜艇。黄祖洽又带领学生与赵仁凯等人协作进行核动力反应堆的选型和原则设计，同时要配合负责重水堆运行的101组和负责堆物理实验的22组的工作，解决我国重水反应堆运行中出现的各种问题。这些工作黄祖洽后来总结在《关于重水反应堆的若干物理问题》文章里。他与彭桓武共同培养出的这支第一代核反应堆理论研究队伍，后来陆续输送到核反应堆、核武器等研究设计单位，有的又在日后进入了核电站，成为那里的建设骨干。

1958年，随着彭桓武担任原子能研究所副所长，黄祖洽挑起了授课和带队科研的两副重担，四七组由此成为了“黄祖洽兵团”。

黄祖洽领导小组的年轻人

（左起：蔡绍辉、叶宣化、吴翔）

当时的主要成员有萨本豪、梁文基、叶宣化等北大技术物理系第二期毕业生，和来自其他院校的优秀学生。刚刚从武汉大学物理系毕业的杨先庶也是其中之一。他报到的时候，四七组下分四七零、四七二、四七三三个小组，每位小组长都是有一定工作经验的同志；到 1959 年中，新建的四七一小组几乎全都是毕业不久的新人和其他单位的实习人员，杨先庶担任起了小组长[1]。当时他们的主要任务是会同 101 组（中国重水堆运行单位）和 22 组（堆物理实验组）一起研究解决中国重水堆的物理问题，杨先庶觉得自己对核反应堆的经验不足，心中有些忐忑。黄祖洽看出了这群“新人”的想法，大胆把他们推到了第一线，告诉他

1　杨先庶《难忘岁月——“黄祖洽兵团”杂忆》，《物理》. 2004 年第 9 期，P671.

们没有学过反应堆不要紧，可以“以任务带学科，边干边学”。黄先生一再告诉大家，重要的是要善于学习：不但从书本中学，更要在实践中学；四七一组的工作提供了理论联系实际、向运行单位和实验工作者学习的极好机会。

黄祖洽（右）萨本豪（左）1980 年合影于厦门大学

在重水堆的换料方案问题上，杨先庶等四七一组的学生们起先还停留在学过的“点堆燃耗”概念上，101 组的同志们迅速帮助他们以每个阶段各工艺管道的热功率为权重推算出各工艺管道的燃耗，建立起燃耗记录档案，提出了第一次换料方案。按照书本知识，圆柱形堆的径向中子通量分布应是零阶贝塞尔函数，但根据热功率分布推算出来的却在中心有凹陷。杨先庶对此有些不理解，黄祖洽便安排他向苏联总顾问瓦尔比约夫请教，才知道是由于中央大实验管道引起的轴向中子泄漏所致，这就让杨先庶对“大炮效应”建立了初步认识。在解决控制棒刻度问题时，22组的吴当时发现一般周期法给出的“倒时数公式”是针对无源情况的，而重水堆在运行后会形成一个较强的光中子源，与公式的使用条件不一致。大家经过反复试验研究，找到了校正办法，得出了满意的结果。黄祖洽就是这样给年轻的学生们创造在实践中学习的条件的，真正做到了“以任务带学科”，以实践促成长。

不过，对于如此重大的科研攻坚环节，仅仅放手让年轻人在一线实践中学习是不够的。这些大学生刚走出校门，仅做过习题，从未接触过如此重要而艰巨的工作。在重水反应堆临界方案相关的物理计算上，黄祖洽不仅认真指导、亲自参加实验，更着重让学生养成认真对待理论设计的作风。他把每个重要参数都安排两个人分别平行计算，在没有电子计算机的年代，大家就用计算尺加上一台手摇计算机挑灯夜战，完成了工作量巨大的计算工作。黄祖洽更是常常提醒年轻的物理工作者们，面对复杂的问题，要善于分析与综合。“黄祖洽兵团”就是这样用“剥笋壳”般的分析思路，对“中毒碘坑”实验中的矛盾进行了分析。大家梳理了开堆的历史，校正了控制棒的刻度，剔除了有关温度效应的影响，估计了非均匀效应，对“中毒”曲线的分析得出了较满意的结果，但在“碘坑”的理论与实验曲线问题上还有较大分歧。经过进一步分析发现，测量碘坑时堆是处于次临界状态，而强大的光中子源形成的次临界状态下的功率不可忽略。对此进行修正后，碘坑的理论曲线终于与实验相符合。杨先庶等人感叹，以往只是从书本上看到重水和铍有光中子，只知其对临界质量有影响；这下在实践中将各种因素综合起来，才将头脑中零零碎碎的死的知识慢慢地活了起来，更解决了中国重水堆运行中的反应性问题。

从实践中发现理论问题后，黄祖洽进一步鼓励学生们深入下去进行研究，在不违反保密原则的前提下，以“seminar”（研讨会）的形式组织大家互相交流，并率先垂范。发现光中子问题后，黄祖洽没有停留在就事论事上，而是安排专题由胡华琛进行系统的调查研究，并将这些问题与他以前对重水堆临界试验研究的成果综合起来，写出了《关于重水反应堆的若干物理问题》的论文，使重水堆的相关研究前进了一大步。对杨先庶来说，对他影响最大的是黄祖洽的《中子在轻介质中的慢化问题》和《中子在铀水介质中的慢化长度》两文，其分析条理分明，物理图像清晰；以堆理论为武器，深入分析了国内外各种实验结果，明确指出有“中子物理意义下的慢化长度”和“堆物理意义下的慢化长度”之分，判断十分准确。其实这也是来自于“黄祖洽兵团”的一线成果——当时四七零组正在研究核潜艇用堆，黄祖洽将研究重点放在此类轻水堆上，这两篇理论文章就是为解决从这些实际工作中提出来的学术问题而作。

1960 年秋，苏联专家撤走后，四七组发生了重大变化。为了加强国防方面的研究工作，黄祖洽率蔡少辉等几位老同志转入核武器研究。四七一组分散到几个单位，四七零、四七二、四七三组的大多数人组成以黄锦华、张连贵为组长的堆理论组，与以罗安仁为首的零功率实验组共同构成 45 号堆物理室，外单位实习生各自回到原单位。四七组的编制虽然撤销了，但在“黄祖洽兵团”工作或实习过的每一个人都把他们学到的知识和工作方法带到了更多地方。杨先庶动情地回忆，正是当年在“黄祖洽兵团”的这些锻炼，才让他敢于根据工作需要涉足新的领域，敢于在谈判桌上对外商据理力争。

“黄祖洽兵团”的协同合作，为我国第一座反应堆的安全运行打下了坚实的基础。纵使编制改变、人员流动，但大家“聚是一团火，散是满天星”，当年每一个年轻人都在各自新的工作岗位上发光发热，为我国的核工业事业贡献着自己的力量。在他们的内心深处，无不深深为曾是“黄祖洽兵团”的一员而感到自豪。

6.4 情寄木铎，广育英才

1969 年，在领导完成一种新型号氢弹的设计后，黄祖洽被送到河南上蔡县的“五七干校”进行“学习改造”。在那里，他播种、收割、养猪、种菜，还干过建筑小工。而就在那段时间，他开始思考自己今后应该做的事。“虽然尽力完成了应当完成的科研任务，但在培养年轻人方面做得还不够。”

黄祖洽在科研工作中日益察觉“中国的科研人才断层问题很严重”。1980 年，“两弹一星”的研究工作基本已获突破，恰赶上北京师范大学新建低能核物理研究所，需要人来承担教学工作，同时清华大学和北京大学也都向黄祖洽伸出了橄榄枝。黄祖洽深知培养新一代科研人才的重要性，便选择进入了需求更为迫切的北师大，希望通过自己的努力，为解决科研人才断层问题贡献一份力量。于是，核武大家“转身”成为一名大学教授。

为什么要调到大学来？许多人都曾问过黄祖洽这个问题。不少人认为，像他这样在国防事业上成就卓著的大科学家，到学校工作似乎是大材小用了。黄祖洽在北戴河举办的一次学术会议上给出了答案。当时，王淦昌、于敏等学术泰斗均到会并发表讲话，谈的内容多侧重于学科发展问题，而黄祖洽所讲的主题却是培养学术接班人。他痛感十年动乱以来，学界几乎断代，决心将自己的后半生贡献给教育事业，培养年轻一代的学科带头人。

低能核物理研究所的工作主要牵涉离子注入工艺和材料改性的实验研究，虽然也属于核物理应用的范畴，但黄祖洽认为对自己来说也是全新的领域，他抱着从头学起的心态，一边抓教学，一边搞管理。

自 1980 来到北京师范大学后，黄祖洽先后担任低能核物理研究所首任所长、名誉所长、低能核物理研究所学术委员会主任、北师大学位评定委员会物理分会主席、北师大学位评定委员会委员、北师大校务委员会委员等学术职务，为北京师范大学物理学科的发展做出了重要贡献。他的到来推动了北京师范大学物理学研究的发展，加快促使北京师范大学物理学科从过去的以教学为主的物理学科转变成为以教学和科研并重的物理学科；北京师范大学的理论物理学和凝聚态物理学这两个二级学科于 1981 年被国务院学位委员会批准为全国首批博士学位授权点，是当时全国高校中为数不多的同时具有 2 个二级学科博士学位授权点的物理学科之一。1980—1984 年在低能核物理研究所担任所长期间，黄祖洽结合当时国家发展的需要和物理学发展的趋势，促进了低能核物理研究所的学科布局更加合理。这些学科建设重要节点上的工作和贡献提高了北京师范大学物理学科的学术声誉，也为其后续发展奠定了良好的基础，令北师大物理学科的发展至今仍然受惠。

在以极大的精力指导北京师范大学物理学科的学科发展和队伍建设的同时，黄祖洽以渊博的学识、丰富的经验、敏锐的科学眼光、民主而又严谨的治学态度和满腔的热情在北师大先后培养出了 2 名博士后研究人员、15 名博士和 4 名硕士。

黄祖洽（中）与学生丁鄂江（左）、冯世平（右）

1982 年 3 月，黄祖洽招了一个博士研究生丁鄂江。他认为丁鄂江的数学基础好、物理概念清楚、做学问的态度好，是个难得的人才，建议他做 Boltzmann 方程的求解工作，还向他介绍了苏联物理学家在这方面通过变换到傅氏空间获得的新成果，并且根据自己研究输运方程的经验，建议丁鄂江要注意主要出现在边界附近的精确解和近似解的差异。丁鄂江在他的悉心指导下，不久就在傅氏空间求得了具有小 Knudsen 数的 Boltzmann 方程的正规解和初始层及边界层中的解；并在他所得的级数形式的解中，消去了久期项，从而解决了多年来困扰前人的问题。1986—1987 年，丁鄂江留学挪威做博士后，从事浸润相变的研究工作，回国后仍回到黄祖洽领导的低能核物理研究所，协助黄祖洽带博士研究生等，指导他们做浸润相变方面的研究工作。

黄祖洽有教育家的素质与胸怀。在指导研究生时，他着意营造开放、民主的学术氛围，除了进行适当的指导，帮助解决一些疑难之外，还非常注重启发学生对研究的兴趣，尊重学生的独立思考，引导他们充分发挥主观能动性。他认为这样培养出来的研究生更有发展前途，更能发挥个人的潜力，实践证明也确是如此。

1985 年入所的冯世平，黄祖洽曾建议他研究合成金属氢新途径中牵涉到的固体物理问题，但在摸索了一段后，冯世平的研究兴趣转到了重费米子系统及其超导特性的研究上。黄祖洽鼓励他按自己的想法做，并介绍冯世平参加中科院理论物理研究所关于类似课题的研讨班。1986 年，瑞士一个以柏诺兹和缪勒为首的小组发现，镧钡铜氧化物体系的超导转变温度可高达 36K，远高于当时已知的具有最高超导转变温度（23.2K）的超导合金 Nb_3Ge，这一发现轰动了物理学界。冯世平认识到它的重要性，很快就投入了高温超导领域的理论探索。后来在自己选择的研究方向上取得了一系列有意义的成果。1997 年获得“求是科技基金会杰出青年学者奖”，1998 年被国家授予“有突出贡献的青年专家”称号。

年近九旬的黄祖洽为本科生上大课

1999 年低能核物理研究所开始招收本科生，黄祖洽主动要求为大一学生开大课，并一上就是十多年。教授给本科生上课，这个普通人眼中的怪现象，在黄祖洽眼中却不成问题。有记者曾问及此事，老先生像被问了什么不公平的问题，委屈得孩子似的，“我是个老师，给本科生上课有什么奇怪的。”在他看来，这是老师的份内之职，“当教授去讲课是理所当然的，当教授不讲课就是不正常的。”

黄祖洽给本科生们上的课是：现代物理前沿选讲。课程内容主要介绍20世纪物理学家在宇观、微观和宏观三大领域所取得的重大成就。选讲的题目有：时空概念的变化、相对论浅释、膨胀的宇宙和宇宙的演化、量子物理学的发展、微观世界的层次、基本粒子的标准模型、对称性和守恒量、微观物理学和宇观物理学的联系、宏观物质世界的复杂性、量子流体、激光冷却和捕获原子、分数量子霍尔效应、高压物理学。

如果有人以为这样一位学识渊博的老科学家给学生讲课，一定太艰涩枯燥，就大错特错了。黄祖洽的长女黄萌回忆父亲当时讲课的情形，“老爸并不看重分数，而是注意学生是不是真的学懂了？是否对物理学感兴趣？能否提出问题？有没有独立思考和解决问题的能力？”由于大一新生还没学习高等数学，黄祖洽就避免使用高等数学，代之以讲故事的方式，甚至引用古诗来授课。由此，这门课开出后，许多其他专业的学生参加，甚至也有文科的学生选修，从来不点名的课堂，听课者多得坐不下。

外人很难相信，名震学界的黄祖洽，面对大一新生的课堂却总是“如临大敌”。30多年来，他总是积极收集最新信息，一有时间就去图书馆查找相关资料，有时哪怕是为了核对一个年份或一个基本的物理单位，他都要查好几本书，直到找到确凿的证据为止。每节课的讲义都要仔细地检查几遍，每一年都要写满厚厚的一本。

黄祖洽在知识与经验上总是无私的。当年在钱三强指导下刚开始攻读研究生的时候，钱先生有一次需要花一个月参加世界和平大会，刚刚开课的《原子核物理》还有众多学生选课，于是代课的任务便由黄祖洽担负了起来。这是黄祖洽第一次给研究生讲课，他在教师的角色上深得其乐，讲得轻松自如，不带讲稿，就能让学生全神贯注地投入到学习中。黄祖洽的师弟何祚庥院士回忆求学时期，“（黄祖洽）经常辅导我们低年级同学学习，传授给我们学习经验。”核物理学家郑绍唐在近代物理研究所时曾在黄祖洽领导下工作，他说，“黄先生不但手把手教我们具体的计算方法，还结合工作教我们做科研工作的方法。譬如，他告诉我们工作没有做完，不要把草稿纸扔掉。这句话听起来很平常，但我们在以后的实际工作中却获益匪浅，受用终生。”

黄祖洽摄于北师大校园一隅

“杏坛二三子，起舞亦婆娑”是黄祖洽自题诗《述怀》中的两句。谈起给学生上课，黄祖洽说，“每当上完一节课，看到我的学生紧皱的眉头解开了，眼睛里的疑惑不见了，听到他们激烈的讨论，嗅到空气中浓厚的学术气息，我都会感到莫大的快乐。”

6.5 “学为人师，行为世范”新解

对于黄祖洽而言，教师不仅是传授知识的职业，更是一种行为的规范。他对北师大校训“学为人师，行为世范”有着自己的理解：“‘学’字是个动词，要学着去做一个老师，‘行为世范’是说行为被社会，被‘世’所规范。”这深刻体现了黄祖洽对教师职业的独特认识和高尚追求。

黄祖洽指导博士生做课题（摄于 1983 年）

在黄祖洽的一生中，教育与学习是贯穿始终的主题。他常说：“我到现在为止还觉得自己是个学生，还不断在学。”这句话不仅体现了他对知识的渴望，也彰显了他作为教育者谦逊的态度。

黄祖洽出版的个人作品汇编《三杂集》[1]中，“八十杂忆”部分记录了他从12岁离家开始的求学经历，以及他内心深处对教师职业的情缘。

“我从12岁开始离开家，有相当一段时间里心理上总觉得自己还是12岁，没有意识到在不断地长大。”1937年，小学毕业后念了半年私塾的黄祖洽回到长沙读中学，从此开始了奔徙不定的中学生活，一直到1943年，黄祖洽为投考渴慕已久的西南联大物理系，又一次选择了长途跋涉……从奔走在求学之路的时候起，黄祖恰就在内心埋下了深深的教师情缘。

“我所走的道路就和教师有着紧密的联系，尤其是中学时期教过我的汪际虞、周毅、蔡希欧等几位老师。”黄祖洽回忆汪老师给他批改的作文，“页眉、页脚处，老师或删、或添，或钩、或划的笔迹，仍然清晰可见。”老师在评语中不断地鼓励黄祖洽，“就是这些话语给了我很大的信心，以后每当在生活和工作中遇到困难时，都感到身后有一双充满鼓励的眼睛注视着我。”

王竹溪是黄祖洽在西南联大时的物理系教授。在讲授分析力学时，王先生向黄祖洽介绍了一本法国人写的书，但是黄祖洽不会法语，王先生就鼓励他自学，还借了一本《法语语法大全》给他，教他基础的读音和拼法。复原迁校回北京之后，王先生见黄祖洽饮食不适身体太弱，常把黄祖洽叫到家里“开小灶”。乱世漂流求学的经历让黄祖洽养成了“不求人，求诸己”的独立性格，而乱世中老师的关心爱护却让黄祖洽多了一分博爱温暖。

1　“三杂”即“八十杂忆”“杂文”和“杂诗、词、联”。

老师们用敬业与博爱让黄祖洽认识到："教师这个职业对人的一生有着多么重大的意义啊！"几十年后，教师真的成了黄祖洽的职业。

作为一名教师，黄祖洽始终提醒自己："我还是一个学生。"他常说："我当教师的时候，也很注意向学生学习，而且我觉得要做好教师，不学习是不行的。"基于这种谦逊的态度，才有了黄祖洽对北师大校训"学为人师，行为世范"的独到理解。

黄祖洽的生活态度，也如同他的教育理念一样，淡泊宁静，不忘济世。莲与莲实，赞莲的高洁，感莲实的苦与济世。他为母校写下的对联"做人当如花之君子，求学要下实的功夫"，以及自题诗《述怀》中的"山花今烂漫，何须绘麟阁"，都是他淡泊名利、专注教育的真实写照。

"曾为攻关奋战苦，又与后辈铺路勤"，在黄祖洽先生的身上，我们看到了一位真正的教育者的形象：他以学习为生命，以教育为己任，以行为为规范，以奉献为追求。完成国防事业的任务后，黄祖洽将自己的人生梦想浇筑在杏坛之上。他的人生，是对"学为人师，行为世范"校训的生动诠释，也是对教师职业精神的最好体现。

6.6 为人导师，教学相长

1980 年，56 岁的黄祖洽从核工业部九所副所长的任上调入北京师范大学低能核物理研究所任教授兼所长，这是他学术生涯的一个转折点。在此以后他虽仍然十分关心我国核科技领域的发展，但主要的时间和精力已转到教育工作、为我国的现代化事业培养高水平人才上来了。三十多年来，黄祖洽以渊博的学识、丰富的经验、敏锐的科学眼光、严谨的治学态度和满腔的热情先后培养了 4 名硕士、15 名博士和一大批年轻的教学科研人员。

黄祖洽在研究生培养上有许多深刻的思想、独到的见解和独特的方法。第一个特点就是高屋建瓴、与时俱进：黄先生根据年轻人思想活跃、容易接受新事物的特点，注意引导学生接触前沿课题，熟悉最新理论与方法，研究具有实际应用前景的理论问题，使他们在学习阶段就进入前沿领域。例如，在黄祖洽的倡导下，研究生每一周或两周都有学术报告和讨论，主讲人可以是校内外的教师或研究人员，也可以是学生。所涉领域也很宽广，未必局限于老师们自己的研究课题；特别是当诺贝尔物理学奖公布时，黄祖洽总要求大家分头研读有关文献。

其次，黄祖洽十分重视研究生的独立工作能力和创造能力。他总是因人而异提出研究方向及要求，然后大胆放手让学生自主提出问题，独立思考并解决问题。他与学生们一起讨论，从中给予启发式的指导。一旦学生提出了新的想法，他立即给予鼓励，并帮助使之完善。他希望学生提出的问题能够显示出他们的思考和理解，必须经过深思熟虑，不能不经大脑就随意发问。曾经有学生提出一个他认为过于基础的问题，黄祖洽便直接建议学生自己先去查阅高中课程，充分理解后再提问。当他发现有些学生有向他要具体研究题目的倾向时，就会说："我要是知道哪些题目能做得出来，我早就自己做了。"因为黄祖洽是想让学生断掉"导师给学生具体研究题目"的念头，"逼"学生们尽快独立。

彭桓武（前排右）、黄祖洽与三位学生 2004 年摄于原子能所

（后排左起：何汉新、刘寄星、张锡珍）

并且，黄祖洽始终强调严谨治学、严格把关。黄祖洽的严格在九院理论部授课时就是出了名的，同事们都表示敬畏，因为黄祖洽做工作非常严谨，他知道这种工作出不得一点马虎。在五十年代中国核潜艇项目期间，黄祖洽曾前往大连为包括海军司令和政委在内的高级海军将领们授课，他对待这些高级官员就如同对待自己的学生一般，上课时严格守时，对提问的将领们也一视同仁，不使用任何官职称呼，将他们视作普通的学生，体现了他对教育的认真态度和平等原则。在黄祖洽这名严师的指导下，研究生们不仅在学术水平上得到了提高，还耳濡目染地学到了严谨治学、献身科学的精神。黄祖洽的第二位博士生冯世平教授，回忆自 1984 年以来跟随导师工作的历程时说："黄先生对学生要求是非常严格的，对我的影响是非常非常大的。跟黄先生做研究，不仅仅是一两篇论文的问题，而是对人生各个方面整体上的一个影响，是人生很幸运的事情。"冯世平刚开始读博的时候，做事情不够严谨，也不太了解如何做科研，是黄祖洽一步步地严格指导，从开始写科技论文到审核论文，公式的推导、标点符号及错别字等细微问题都会一一指出，花费了许多的心血。黄祖洽自己更是以身作则，严以律己，为学生们树立了科研的榜样。每当冯世平和其他学生们到家里讨论问题，他总是在看书或者看材料。冯世平半开玩笑地问，黄先生您都什么时候休息？黄祖洽说，做理论物理的人没有节假日，要经常思考不断学习。

胡华琛是 20 世纪 50 年代彭桓武和黄祖洽挑选的第一批从事原子核反应堆理论的科学工作者之一，她在那时就受到了严格的理论和数字计算工作的训练。后来，胡华琛对于传输方程组的深入研究和创新成果得到了国际学界的重视，被邀请改写了 2004 年已出版的国际晶体学表（International Tables for Crystallography，Vol.C）中有关章节。在古稀之年对科研道路进行回顾时，胡华琛深感受益早年间彭桓武和黄祖洽院士的严格指导："我不但学会了科研工作中思考问题和预估理论结果的方法，而且在从事反应堆工作中练就了耐心地进行极为繁复而又不能出一点错误的耐力和功夫。"

黄祖洽虽然有不放过每一个细节的精益求精的精神，但对待考试灵活且开放。一次《输运理论》开卷考试，考题 6 选 4，但考生无一人能按时完成，黄祖洽允许大家带回去继续做，学生们花了整整一周时间才做完，有不少答卷平均每题写了 20 页左右。总结课上，黄祖洽选了几道考题认真讲解，但给大家的分数却差不多，因为他更重视学生是否真的学到东西，而对得分高低并不看重，正如他经常问学生的一句话是"你是不是真正掌握了？"

黄祖洽主张学术民主。尽管他有着极高的学术地位，但他总是以平等的态度和学生们一起讨论、互相启发和促进。带研究生的过程，是导师和学生共同探索科学未知领域的过程，在这个意义上，师生是战友，导师只是以自己的学识和研究工作的丰富经验，鼓励和帮助学生独立地提出和解决问题。在论文题目的选择上，黄祖洽给予学生相当的自由，对学生的研究选题基本不设限，这从他指导过的博士论文研究方向上可略见一斑：波兹曼方程、超导、辐照损伤、氢物质相互作用、非线性光学、浸润相变……

这一方面反映出黄祖洽对学生的平等尊重，另一方面也体现出他极深的理论物理造诣、广泛的研究兴趣、超凡的学习能力及愿意在培养学生上倾注大量心血的崇高精神境界。在科研和日常生活中，黄祖洽总是和蔼可亲，平易近人，学生们都喜欢跟他讨论问题，他也会根据不同的情况和时机及时地给予鼓励和建议。黄祖洽的首位硕博连读生朱慧珑回忆自己初到美国留学时，黄祖洽回信鼓励道：你思想活跃，工作勤奋，以后会前途无量。1993 年黄祖洽和夫人张伯母一起访美，朱慧珑便开车 12 个小时从伊利诺伊州穿过威斯康星州，到他们暂住的密西根北去看望。见面后，黄祖洽关心地询问了朱慧珑在美国的生活、学习和科研工作情况，大家一直谈到深夜。这正和平时学生们在黄祖起家里讨论到很晚的时候，他就会留学生们在家吃饭一样。此外，黄祖洽还保持着与学生们一同郊游的传统，年年的春游和秋游，他总会请上自己的导师彭桓武先生和学生们同行，两位先生一点没有架子，和年轻人一起玩、一起乐，时而会顺带探讨一些学术问题，也会和大家讨论治学方法、生活哲理。黄祖洽兴趣广泛，历史、自然以及人文科学等方面的知识也懂得很多。郊游中，他看到某种熟悉的植物就说说它的习性，看到某种景物，也会和周围人聊一些相关知识，见到某个历史文化景点，也会讲一些个人见解。有时玩累了，就找个茶馆，请大家喝茶。每次郊游大家都非常愉快，在轻松愉快的氛围中获得了知识和启发。也许这种“寓教于乐”的方式很有成效，后来冯世平做了导师，也常常组织自己的学生一起郊游。

黄祖洽带学生们外出郊游

黄祖洽的研究生培养事业和他本人的学术研究做到了“教学相长”。晚年的他总是活跃在理论物理学的最前沿，取得了人才培养和科研成果的双丰收。从气体输运理论到浸润相变，从凝聚态物理、材料科学到生物物理，均多有佳作。其中指导丁鄂江完成的用奇异扰动法求解玻尔兹曼方程的博士论文，解决了玻尔兹曼方程求解时久期项难以消除的历史难题，提供了研究非平衡系统中随时间弛豫的有效方法，对非平衡统计物理做出了重要贡献。1983 年后，黄祖洽在教学科研生涯中相继撰写出版的科学专著有：《核反应堆动力学基础》（原子能出版社，1983），《输运理论》（与丁鄂江合著，科学出版社，1987），《表面浸润和浸润相变》（与丁鄂江合著，上海科技出版社，1994）。其科研成果“中子和稀薄气体的弛豫和非平衡输运”获 1991 年国家教委科技进步一等奖；在浸润相变的研究工作，先后两次受邀到意大利理论物理中心做有关报告，研究成果获 1995 年国家教委科技进步二等奖。另外，黄祖洽晚近在金属晶格中的反常扩散、金属氢合成的新途径、相变动力学、强场物理、分形物理、血液流变学、自组织临界性等领域进行了多方面的探索，取得了一系列成果，部分已收集到 1994 年北京师范大学出版社出版的《黄祖洽文集》中。

黄祖洽（左）、丁鄂江（右）摄于 1983 年

在一次采访中，黄祖洽是这样评价自己的研究生培养事业的："我在指导学生时从来都是尊重他们自己的见解，从来都不把自己的观点强加在他们身上，十分重视研究生的独立工作能力和创造性思维能力，因人而宜地提出要求和帮助。此外，我还重视学术民主，以平等的态度与学生们一起讨论，互相启发，互相促进。这些都是科学态度与科学精神在学术研究和学术教学中的体现。"

6.7 科教情怀

本世纪初，我国启动了第八次基础教育课程改革，从课程功能、课程结构、课程内容、课程实施，课程评价以及课程管理等若干方面进行了系统改革。在课程改革的早期，需要科学家的把关与引导，为此教育部基教司决定在每个学科的课程标准研究组聘请资深科学家作为顾问。物理课程标准研制组（以下简称课标组）便聘请了中国科学院院士黄祖洽先生等若干物理学专家为学术顾问，黄祖洽为义务教育物理课程标准和普通高中物理课程标准的研制完善做出了不可或缺的贡献。

西南大学科学教育研究中心廖伯琴女士回忆，2002 年下半年的一天，她登门拜访了黄祖洽。黄先生和蔼地问了一些物理和数学方面的问题，以及中学物理教育的问题。问答中，黄祖洽始终微笑但目光坚定，怀着认真严谨的态度与殷切的期望，最终首肯担任课标组的顾问。

黄祖洽认为掌握学习的主动权非常重要，如果开始碰到一个比较简单、能够解决的问题，就会越来越有兴趣；如果开始就碰到一个无法解决的难题，就会没有信心和兴趣了。他认为教材既重要也不重要，若能自主学习、独立思考，教材中错的内容也可修改，教材中没有的内容也可补充，关键要做学习的主人，应批判性地看书中的内容。黄祖洽还认为，课程应以简明为主，不要啰嗦，把重要的东西说出来就行了。比如力学中关于质量、力、速度、加速度等都是什么意思？它们之间是什么关系？说清楚就可以，应留一些空间让学生自己去补充、学习，让学生有时间去自学。

廖伯琴与黄祖洽在办公室交谈后合影

其实，黄祖洽在具体教学中便融入了他的教学理念。例如，黄先生在其《现代物理学前沿选讲》的前言中讲到，现代物理学的前沿问题“可以在任何水平上来讨论”，既可给夜校的工人讲相对论和宇宙起源，使他们感觉“好像也可以理解”，也可随着学习的深入让学习者“从定性的鸟瞰进入定量的描述”。对于高年级同学或研究生，“会有许多数学牵涉进来，像线性代数、微积分、高等代数、高等几何”。黄祖洽对此朴素地总结为“随着对象的不同，讲这个课的方式也不一样”。能进行这样的分层教学，这不仅反映了黄祖洽对教学内容的深入理解，还体现了深入浅出、化难为易的教学理念。中学物理教学的实际情况中，有老师习惯于教学内容完整的前后铺垫，力争不遗留疑问；然而黄祖洽在进行《现代物理学前沿选讲》的教学时，认为“对于还没有学过这些数学的同学,开始的时候可以对有关公式的推导跳过去，但是把问题记下来，等到你们在数学课上或自己看数学参考书学到有关知识时，再联系起来加以解决。这时，你们就会像遇到久已向往的人那样，感到由衷的喜悦。”黄祖洽鼓励带着疑问学习，这种“以问促学”的教学方式，不仅有利于培养学生的自学能力，而且有利于培养他们的学习兴趣。

黄先生赠与廖伯琴《现代物理学前沿选讲》

其实，黄祖洽一直十分重视基础教育和科普工作。为了向青少年普及原子能的知识，1994 年他出版了《科学家谈物理：探索原子核的奥秘》，获得湖南省委颁发的精神文明建设“五个一工程”优秀作品证书。

廖伯琴女士在对黄祖洽的纪念文章中，是以《现代物理学前沿选讲》中对物理学的理解作为结语的：

“物理学本身确实是非常奇妙、非常有趣的一门学问，学起来其乐无穷！它帮助我们深入地了解到自然界许多奥秘现象的本质。物理学最讲究实证，以观测和实验为基础；最推崇理性，不满足于观测和实验所揭示的现象，而要寻求现象背后隐藏的规律；既善于根据对现象的概况和抽象，做出大胆的假设，对现象做出理论解释；又敢于大胆怀疑、寻根问底，考究已有的假设和理论是否能符合实际。物理学研究令人振奋，使人陶醉。正如艺术创造力一样，理解和发现新事物是人类前进的基本动力。它不能被压抑、限制或禁止。在物理学研究中充满好奇和快乐、失败与成功，这种强烈的情感令研究者入迷。

“从学习物理学得到的训练会增加我们看待和处理事物时的理性成分。真正学懂物理学中认真、求实和创新的精神，对一个人一生都是有好处的。即使他以后转行，不再从事物理，物理学精神的熏陶，也会使他更容易判别什么是真的，什么是假的，什么是合理的，什么是不合理的，什么是可信的，什么是不可信的。换言之，会提高他理性判断和创新思维的能力。”

6.8 难忘的大一课堂

2013 年 10 月的北师大物理楼，阳光透过树叶的缝隙，铺洒在教室的讲台上，耄耋之年的黄祖洽正专注地整理着讲义。年轻的学生们陆续走进教室，毕恭毕敬地问候着“黄先生好！”——这是一个时代向另一个时代的致敬。

2013 年 10 月 23 日，黄祖洽课后为学生答疑

这是黄祖洽生前最后为大一新生开设的一门基础课程《现代物理学前沿选讲》。他以深厚的学识和对教育的热爱，坚守在这

方讲台上，直到 2013 年底因病住院的前一天。自 1999 年北师大批准低能核物理研究所可以招收本科生以来，黄祖洽就主动要求为大一学生开设大课。十四年如一日，他在每年的新学期都会给新生带来十五堂最前沿的物理学知识讲座，容纳 140 多人的教室总是塞得满满当当。

黄祖洽因材施教，给低年级学生授课，尽量避免使用高等数学等学生还没掌握的知识，力求深入浅出，逻辑性强，概念清楚。他幽默风趣，寓教于乐；不仅介绍物理知识，还介绍相关物理学家取得成就的历史背景，介绍他们献身科学、实事求是、坚持不懈的精神。把严肃高深的理论课变成了趣味活泼的“故事会”，让学生在不知不觉中受到自由、民主、科学精神的熏陶。著名科学家、北京大学物理学院教授江颖是 1999 年北师大低能核物理研究所的首批本科生。回忆起当年黄先生授课的情景，他觉得自己非常幸运：

“我印象中这门课的跨度非常广，从原子核和原子到宇宙的结构和演化，使得我对物理学的认识上升到一个全新的高度。由于是刚开课，这个课程没有教材，黄先生自己整理了非常详细的讲义，尽力将复杂的物理概念和前沿科研进展用通俗的语言传授给我们，而且留下了很多开放性问题，鼓励我们去深入思考和探索。这种独特的授课方式对于刚进入大学的我来讲是非常新鲜的，我第一次感受到了没有既定框架和标准答案束缚的自由，可以通过“渗透式”学习来理解和消化新知识，这对我日后从事前沿科学研究非常有帮助。这个课程涉及到很多前沿的物理学进展，比如：对称性和守恒量、分数量子霍尔效应、量子光学等，坦白讲我当时并未真正领略到其重要性，后来才发现这些知识正是触及到了现代物理学的核心内容。此外，黄先生的这门课程中也向我们展现了各种极端条件在探寻新物理和新规律过程中的重要性，包括：极小、超快、低温、高压、强场等，而这些极端条件的实现往往离不开创新性科研设备的支撑，这应该是我第一次对科学仪器产生了强烈的兴趣。工欲善其事，必先利其器，后来我才知道，诺贝尔自然科学类奖项中，接近90%的研究成果借助各种先进的科学仪器完成，或直接与新仪器方法或功能的发展相关。受黄先生课程的启发，我目前的科研工作正是基于科学仪器的自主创新而开展的，我始终坚信原创科学仪器是基础科学研究实现“跨越式”发展的原动力。”

中科院物理研究所研究员、科普专家罗会仟是低能核物理所的第二届本科生。2000年9月入学的时候，他就听师兄师姐说，《现代物理学前沿选讲》是一门让大家充满畏惧又特别想选的课，可能99%的内容都听不懂，但上课的老师是核物理巨匠黄祖洽院士。罗会仟和新生同学们就这样抱着忐忑的心情，几乎全部都选了黄先生的课：

“第一节课，黄先生给我们做了一个现代物理学前沿概述，一下子有很多的名词，都是未曾听说过，让我们觉得很神秘。问身边的同学们听懂了多少，几乎人人都是一脸懵。问同学们，还继续上这个课么？大家都一致觉得，必须上啊！黄先生的形象，太符合我们心目中期待的老科学家了：慈爱的面庞，上面一副圆圆的黑框眼镜，头发已经花白稀疏，说话却条理清晰，对物理学历史如数家珍。有这样的老师上课，谁人不爱呢？谁人不“粉”

呢？第一节课结束，大家就冲上讲台，拿着那本打印的讲义或者自己的笔记本，找黄先生签名。

黄先生在课上几乎不用高等数学，即便出现复杂的公式，黄先生也会提醒大家不需要在意是否看得懂。毕竟许多大一的新生刚刚接触微积分，对微分方程、哈密顿量、拉格朗日量等毫无概念。印象里，黄先生尽量讲述当时每个物理发现背后的故事。有一节课讲 θ－τ 疑难，对于我们这群连基本粒子有哪些都搞不清楚的孩子来说，几乎是一头雾水。然而黄先生说道：θ 和 τ 粒子就像一对双胞胎姐妹，质量和寿命几乎相同，很难分辨，但生出的娃却不一样，前者是两个男孩（两个 π 介子，宇称为正），后者是三个女孩（三个 π 介子，宇称为负）。听到这些，我们似懂非懂，但也大体明白，基本粒子的区分，主要看它自身的物理性质和它衰变后的产物。θ－τ 疑难是杨振宁、李政道提出弱相互作用中宇称不守恒的突破点，突破了物理学中各种单一守恒律的传统观点，从此开启了粒子物理新世界的大门。黄先生用简单生动的故事，把伟大的科学思想的诞生过程娓娓道来，至今影响了我们的一生。”

虽然《现代物理前沿选讲》并不是一门容易的课，但每届上了课的新生都会得到巨大的收获。对于那些复杂的公式和原理，黄祖洽不仅会用讲故事的方式替代高等数学的分析，有时也引用古诗词讲解，甚至吸引文科生来选修这门课程。北京师范大学讲师暨物理学系 2015 届毕业生马宇翰的印象中，黄祖洽在讲到物理学反演对称性的时候，特意援引宋代李禺写的一首“回文诗”——也就是正、反都能读通的一种诗歌体裁来打比方：

《两相思》

枯眼望遥山隔水，往来曾见几心知？

壶空怕酌一杯酒，笔下难成和韵诗。

途路阻人离别久，讯音无雁寄回迟。

孤灯夜守长寥寂，夫忆妻兮父忆儿。

当年马宇翰上课时是 2011 年秋季学期，黄先生已近九十高龄，但思维仍旧敏锐，课上用 PPT 配合板书，把近现代物理学发展的脉络和科学史梳理得很清晰；课后也会耐心地给同学们答疑，并对课上提到的一些物理学史的背景故事加以细致讲解，经常可以看到不少同学围绕着先生听故事的场景。

为了加深同学们对讲课内容的理解，黄祖洽还适当地留一些习题，这些习题都是他根据一些经典的物理问题编写出来的，让学生们借此来培养自己解决问题的能力。到了学期末，黄祖洽给学生们留的作业往往是指定一篇英文文献，请同学们阅读后写小论文，锻炼他们阅读英文文献和独立思考能力。一百多个学生的作业和论文，黄祖洽都非常认真仔细地批改。他的眼睛不太好，就戴着老花镜、拿着放大镜批改，哪怕是一个符号错误或者错别字也不放过。罗会仟回忆，他那一届的阅读篇目是杨振宁关于规范场论最早的论文。黄先生给学生们讲起当年杨振宁在介绍规范场论的时候，台下泡利[1]很严厉地指出他的方程里面没有给出规范粒子的质量，说的内容就是这篇论文——希望同学们也能从中

1　沃尔夫冈·泡利（1900—1958），奥地利物理学家，1945 年诺贝尔物理学奖得主，生前是苏黎世联邦理工学院教授，要从事量子力学、量子场论和基本粒子理论方面的研究。

发现该理论最初的问题。

而在课外，每届学生对于黄祖洽的印象都是那样的和蔼又朴素，无论是身上衣物、脚下布鞋，还是上课用的水杯，都普通得不能再普通了。在罗会仟的印象中，有一次下课的时候遇到下雨，黄先生没有让学生送他，而是默默等在教学楼门口，直到雨中出现黄师母送伞的身影，他才和老伴一起撑伞蹚水离开。

到了耄耋之年，黄祖洽对待教学依然尽心尽力，坚持认真准备每一节课。有时为了核对一个年份或一个基本的物理单位，都要查好几本书，直到找到确凿的证据。每节课的讲义都要仔细地检查几遍。黄祖洽说："教书育人培养人才是一辈子的事情，只要我还有一口气，就会继续做。"黄祖洽的崇高为人品德与敬业精神在学校传为佳话，深受广大学生和教师爱戴和尊敬，是学生口口相传的"黄爷爷"。他多次被评为"北京师范大学最受学生欢迎的本科教学十佳教师"，"感动师大"新闻人物，"北京市师德标兵"，"北京市师德先进个人"等，学生的爱戴就是对他最大的肯定。

马宇翰回忆，当年在上课时正赶上黄祖洽八十七岁的生日，他从平日课上征引的诗词猜想，黄先生一定很喜欢传统文化，就送上了一幅自己画的国画作为贺礼。那段时间黄先生身体不好，经常住院，就托时任黄先生助手的桑海波老师转交了画。国庆后黄祖洽一出院，就立即回到了课堂，课上专门提到，很喜欢马宇翰的赠画，并回赠了一幅书法作品"勤以修身，俭以养德"。从学生时代到留校任教，这幅字一直勉励着马宇翰，也寄托着他对黄祖洽的深切怀念。

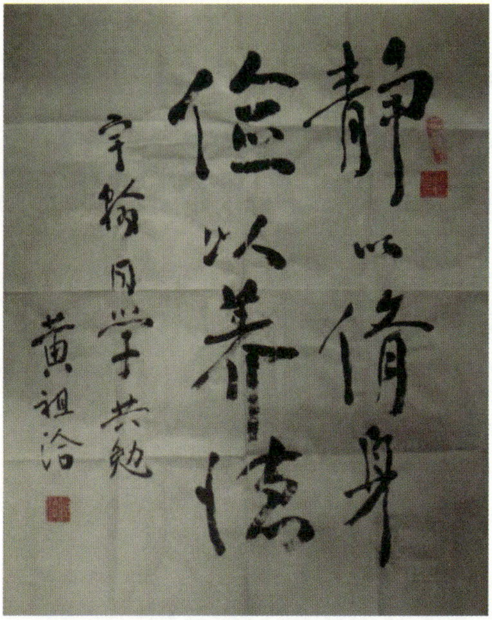

黄祖洽回赠马宇翰：手书《静以修身，俭以养德》

黄祖洽与北京师范大学物理学系毕业生合影

“我愿意做一个铺路者，架桥人，永远和年轻人在一起，我从心底里热爱他们。我的工作也得到了北师大人的承认。近几年来，我两次被学生选为‘十佳教师’，也曾被评为北京市师德标兵和优秀共产党员。师缘不浅，福乐自造。北师大带给我的，就是这份师缘。”

这是黄祖洽对教育事业最炙热的表达。2019 年 6 月 2 日，黄祖洽塑像在北京师范大学物理楼前落成，塑像右后方的 110 教室就是先生多年来传道授业的地方。如今，斯人已去，但先生当年不急不缓的声音犹在耳边。敬立塑像，表达了北师大师生们对“两弹”功臣、名师大家的追思和敬意，寄托着后来人发扬先生立德、立功、立言、立行的决心和梦想。

黄祖洽年谱

●1924 年 10 月 2 日，黄祖洽出生于湖南省长沙市。

●1930 年 9 月至 1936 年 1 月，就读于长沙市立十三小学。

●1936 年 1 月，随家搬迁到湘潭并插入湘潭第一高小（现曙光学校），暑假毕业后在湘潭读旧书近半年，背完《大学》《中庸》《论语》《孟子》，并基本念完《唐诗三百首》。

●1936 年年底，随家搬迁回长沙市。

●1937 年 1 月，入长沙市平大中学。

●1937 年 6 月，在南京考上中央大学附属实验中学，后因日本侵华战争全面爆发于 9 月返回长沙。

●1937 年 9 月，考入长沙市兑泽中学（现长沙市第六中学）。

●1938 年 9 月至 1939 年 2 月，为躲避日本飞机轰炸，随学校搬迁到湖南省澧县新洲。

●1939 年 2 月，在江西省上饶转河口，并插入当时搬迁至该地的九江中学（现江西九江一中）。

●1939 年 9 月，随九江中学搬迁至江西省杨村。

●1942 年 6 月，日寇进犯赣东北，黄祖洽扛着枪与 100 余名无家可归的学生和部分教职员工随学校一度短暂搬迁至离杨村

40里外的横江口的涂家。

●1942年9月，赣东北战事稍平，日军进攻威胁暂时解除，随学校重回杨村复课。

●1943年暑假，高中毕业，然后随部分同学徒步从杨村去赣县参加夏令营，之后因错过西南联大的考期，临时在西昌川滇西路公路局子弟小学任教。

●1944年6月，搭川滇西路公路局便车从西昌至昆明，报考西南联大（北京大学、清华大学、南开大学）物理系，那年他考试成绩第一名。

●1944年10月至1946年7月，就读于西南联大物理系。

●1946年5月，组成西南联大的三校开始分别迁回原校址，7月随学校组织的最后一批人员离开昆明。

●1946年10月，开始在清华大学物理系学习。

●1948年7月，在清华大学本科毕业。

●1948年10月，考入清华大学研究院，先师从于钱三强教授研制核乳胶，期间也得到何泽慧教授的指导，后师从于彭桓武教授研习理论物理。

●1950年7月12日，通过研究生毕业论文答辩，随后被分配到中国科学院近代物理研究所（后相继改名为中国科学院物理研究所、中国科学院原子能研究所和中国原子能科学研究院）理论室任助理研究员。

●1950年8月27日，车祸后脑震荡昏迷，二周余始苏醒。出院后在中国科学院院部休养并结识在院部工作的辅仁大学化学系毕业生张蕴珍。

●1951 年 5 月，完成了用变分法计算低能区质子—质子散射的相移，并开始调研核理论。

●1951 年 8 月 13 日，由中国科学院派遣到苏联科学院列别杰夫物理研究所学习，后因脑震荡后遗症，于 1952 年 8 月提前回国。回国后半时工作，半时休养，期间翻译伊凡年科和索科洛夫合著的俄文版《经典场论》，并由科学出版社出版。

●1952 年 12 月，与张蕴珍结婚。

●1953 年 2 月至 6 月，作为中国科学院访苏代表团专业翻译，第二次去苏联访问。

●1953 年 6 月至 1955 年 10 月，按照钱三强所长的部署，黄祖洽在中国科学院近代物理研究所开始调研反应堆理论。

●1955 年 10 月 19 日，作为钱三强率领的近四十人的热工实习团的成员，到苏联热工物理研究所参加实验型重水反应堆和回旋加速器的设计审查。

●1955 年 11 月至 1956 年 6 月，在苏联热工物理研究所实习反应堆理论设计部分，并在此期间纠正了苏联设计书上的数据错误。

●1956 年 6 月，回国后任中国科学院原子能研究所副研究员。

●1956 年下半年，与彭桓武先生合作在中国科学院原子能研究所举办了为期一年的反应堆理论培训班，为我国培养了第一代反应堆理论研究人员。

●1957 年 3 月，中国科学院原子能研究所通过了黄祖洽的副博士学位论文答辩，黄祖洽的副博士学位论文就是他在苏联所做的关于重水反应堆的计算。

●1958 年 6 月，重水反应堆的研究工作完成之后，在钱三强先生的指示下，黄祖洽率领研究小组开始研究不同类型的反应堆（铀水堆，石墨堆，元件堆等）及其理论设计，并一直持续至 60 年代初。

●1958 年 10 月 24 日—12 月 20 日，黄祖洽参加了以苏振华为团长、刘杰为副团长的国防科技代表团访问苏联。作为专业科技专家协助提供我们自己有关核潜艇用压水型反应堆的初步理论设计的计算结果，供中方代表团在和苏方谈判时参考。

●1959 年下半年，钱三强先生指示黄祖洽组织队伍从事原子弹物理问题的研究。根据钱三强先生的要求，从研究快中子堆入手开展这一工作。首先调研了各国（特别是美国）快中子堆的发展情况和实验数据。通过调研后大致掌握了对快堆达到临界所需的铀 235 和钚 239 的数量。为了便于计算，同时还研制了快中子堆的单群参数，并分头调研了快中子堆的临界度计算方法。

●1960 年 6 月，黄祖洽参加中国科学院原子能研究所代表团到前民主德国德累斯顿访问，并在国际反应堆会议上作了有关我国第一个重水反应堆理论工作的报告。

●1960 年第四季度，钱三强受二机部党组委托在中国科学院原子能研究所第四研究室增设了一个轻核反应装置理论探索组（也称“乙项任务”），以便在氢弹原理探索研究方面先走一步。黄祖洽任组长，从事氢弹理论预研工作。

●1961 年底开始，为了加强原子弹和氢弹研究工作的联系，黄祖洽抽一半时间去二机部九院理论部（中国工程物理研究院第九研究所，简称九所）理论部工作，兼任理论部副主任，当时规定他只能将中国科学院原子能研究所研究的结果传递到九所而不能将九所的进展告诉中国科学院原子能研究所，即所谓的“半导体”，所以当时黄祖洽既从事和指导原子弹的研究工作，同时又从事和指导氢弹的研究工作。

●1962 年，任中国科学院原子能研究所研究员。

●1964 年 10 月 15 日，在第一颗原子弹爆炸的前一天，为答复周总理代表党中央提出的关于核爆炸成功把握的询问，黄祖洽很快对数据进行了核实，并与周光召和秦元勋 3 人一起在送往中央的研究报告上签字，估算原子弹爆炸的成功概率超过 99%。

●1965 年 5 月，中国科学院原子能研究所的轻核反应装置理论探索组被并入九所，大部分人员和所有研究成果（其中包括已印成的国家科委原子能科技文献）以及其他大部分论文和各项计算结果的全部资料均转至九所。

●1965 年 5 月至 1969 年 11 月，任九所研究员兼理论部副部主任，1964 年 3 月起九所（原理论部）改为研究所的建制，他任副所长。成为氢弹的研究和设计的主要业务领导之一。这期间主要工作有：（1）领导研究 ALU（加强型原子弹），探索和设计氢弹；（2）研究和制定核工厂临界安全操作规程；（3）在氢弹原理突破中的贡献，他参与领导了多种型号核试验装置，包括氢弹原理试验装置和第一颗空投氢弹核试验装置和第一代核武器的理论研究设计工作，为加强我国的国防力量做出了杰出贡献。另外他在热测试理论研究方面做了许多工作，他还积极建议和推动核数据研究及核数据中心的建立，这对以后的核武器研究起了积极的作用。

●1969年底至1972年初，一家五口去河南驻马店地区上蔡县“五·七”干校劳动。

●1972年2月至1980年5月，返回九所工作。

●1980年5月，调至北京师范大学低能核物理研究所（现为核科学与技术学院）任教授兼所长。

●1980年当选为中国科学院学部委员（1993年改称为院士）。

●1980年5月至2014年9月，在北京师范大学工作期间先后培养出15名博士、4名硕士和一批年轻的教学科研人员，发表了一系列学术论文和专著。1999年开始主动请缨为物理学和相关专业本科生讲授《近代物理学前沿选讲》课程。曾兼任国家学位委员会第一、二届学科评议组成员，*Chinese Physics Letters* 第一任主编，《物理学报》《物理学报》（海外版，现 *Chinese Physics B*）（1983—1999年）主编（2000年后改任顾问），《理论物理通讯》副主编等。

●1981年至1984年，兼任中国科学院原子能研究所（现中国原子能科学研究院）副所长，主管理论研究。

●1982年，作为“原子弹氢弹设计原理中的物理力学数学理论问题”的主要作者之一，获国家自然科学一等奖。

●1983年，出版专著《核反应堆动力学基础》（北京，原子能出版社）。

●1987年，出版专著《输运理论》（北京，科学出版社）（与丁鄂江合著）

●1991年，作为“中子和稀薄气体的非平衡输运和弛豫过程”的第一作者，获原国家教委科技进步一等奖。

●1994 年，出版专著《浸润及浸润相变》（上海，上海科学技术出版社）（与丁鄂江合著）

●1995 年，作为“浸润相变的研究”的第二作者，获原国家教委科技进步二等奖。

●1996 年，获何梁何利科学技术进步奖。

●2000 年获得北京师范大学教育教学成果一等奖，同时被评为北京师范大学最受本科生欢迎的十佳优秀教师。

●2001 年被评为北京市优秀党员、北京市师德先进个人、北京师范大学师德标兵、北京师范大学最受本科生欢迎的十佳优秀教师。

●2002 被评为北京师范大学最受本科生欢迎的十佳优秀教师。

●2007 年，出版专著《核反应堆动力学基础》第二版（北京，北京大学出版社）

●2008 年，出版专著《输运理论》第二版（北京，科学出版社）（与丁鄂江合著）

●2012 年 7 月至 8 月，修订出版《近代物理学前沿选讲》第四版（北京，科学出版社）。

●2013 年 10 月 16 日，出席“钱三强百年诞辰暨钱三强何泽慧科技思想座谈会”。

●2014 年 9 月 7 日 3 时 11 分，因病医治无效在北京不幸逝世，享年 90 岁。

参考文献

1. 李觉，雷荣天，李毅等. 当代中国的核工业[M]. 北京：中国社会科学出版社，1987.

2. 彭桓武. 黄祖洽文集序[M]. 北京：北京师范大学出版社，1994.

3. 丁鄂江. 祝贺黄祖洽院士70华诞[J]. 物理，1995，3.

4. 黄祖洽. 黄祖洽院士追忆彭桓武——“文章道德，体现遗爱”[J]. 科学时报，2003-03-02.

5. 黄祖洽. 三杂集[M]. 北京：北京师范大学出版社，2004.

6. 何祚庥. 与祖国“同呼吸、共命运”的理论物理学家. 物理，2004，33(9).

7. 蔡少辉. 我的领路人. 物理，2004，33(9).

8. 刘寄星. 祝贺黄祖洽先生80华诞[J]. 物理，2004，33(9).

9. 杨先庶. 难忘的岁月——“黄祖洽兵团”杂忆[J]. 物理，2004，33(9).

10. 冯世平. 我国科学和教育事业的无私奉献者[J]. 物理，2004，33(9).

11. 黄祖洽. 现代物理学前沿选讲（第2版）[J]. 北京：科学出版社，2013.

12. 王力可，祁雪晶. 黄祖洽：核武大家筑梦杏坛[J]. 光明日报，2013-08-29.

13. 郑绍唐. 怀念黄祖洽先生[J]. 物理，2014，43(10).

14. 刘寄星. 送别恩师黄祖洽先生[J]. 物理，2014，43(10).

15. 朱邦芬. 立功已绘麟阁 立德典范永存[J]. 物理，2014，43(10).

16. 廖伯琴. 一个伟大科学家的科学教育情怀[J]. 物理教学探讨，2014，10.

17. 陈永寿. 国家安全情怀——一位科学家临终前的精神闪光[J]. 大学物理，2015，34(2).

18. 萨本豪，胡华琛，何汉新等. 科学天空一颗璀璨的星[J]. 大学物理，2015，34(2).

19. 丁鄂江. 我的导师黄祖洽先生[J]. 大学物理，2015，34(2).

20. 黄萌. 老爸还在给大一学生上大课[J]. 大学物理，2015，34(2).

21. 桑海波. 深情寄木铎——追忆黄祖洽先生[J]. 大学物理，2015，34(2).

22. 贺凯芬. 悼念黄祖洽院士[J]. 大学物理，2015，34(2).

23. 黄祖洽. 我的老师——彭桓武[J]. 物理，2015，44(11).

24. 陈雁. 殚思求火种 深情寄木铎：黄祖洽传[M]. 北京：中国科学技术出版社，2017.

25. 鲍安琪. 书生黄祖洽[J]. 中国新闻周刊，2021，25:70

26. 刘寄星. 听黄祖洽先生谈自己的科研经历[J]. 物理，2024，53(9).

27. 黄祖洽，黄萌. 山花今烂漫 何须绘麟阁[M]. 北京：中国原子能出版社，2024.